認知症になっても
自分の財産を守る方法

法定後見制度のトラブルに
巻き込まれないために!

一般社団法人
「後見の杜」代表
宮内康二
漫画
とみざわきらら

講談社

はじめに

皆さんは「後見人」という言葉を聞いたことがあるでしょうか？

国などの公的機関が自分たちの財産を管理してくれる、老後を安心して過ごすための制度だと思っている人も多いようです。また、国が管理してくれるのだから、認知症などになっても信頼して任せられると思っている人もいるようです。

私は「後見《こうけん》の杜《もり》」という団体を主宰しているのですが、主に「成年後見制度」を利用したことで困っている人たちのサポートをしています。

なぜ、「信頼できる」と思った公的な制度を利用して困ったことになり、私たちのところへ相談にいらっしゃるのでしょうか。成年後見制度にはさまざまな問題があり、この制度についてよく知らずに利用してしまった方々が問題をかかえることになってしまったからです。

自分には関係ないと思いがちですが、後見人はいきなりあなたの人生に関わってくることがあるのです。

たとえば銀行や証券会社などで「お父さまの定期口座を解約されるならば、お父さまに後見人をつけてください」、不動産であれば「施設に入ったお母さまの自宅は、お母さまに後見人をつけないと売却できません」、老人施設であれば「うちの老人施設にはご両親に後見人をつけないと入所できません」など、さまざまなシチュエーションで自分の親に後見人をつける必要があると言われる可能性があるのです。

たいていの人は「後見人をつければいいのですね」と了解し、制度を利用するのですが、いざ始まってみると「親のお金なのに自由に出し入れできなくなっただけでなく、明細までわからなくなった。『明細を教えて』と言っても『その義務はない』と言って教えてもらえない」「自宅は売却できた。しかし後見人に月々5万円払わないといけないので解任したいが、親が亡くなるまで解任できないと言われた。家の処分を急いでいたので二束三文で自宅を売却したが、月々の後見人への支払いを考えるとトントンになってしまう。解任できないことを知っていればお願いしなかったのに」など、さまざまな悩みをかかえることになるのです。

後見人にまつわるトラブルがあまりにも多いので、昨今はテレビや雑誌、新聞などに取り上げられたり、２０２３年12月には小学館の「ビッグコミックオリジナル」で『れむ　a stray cat』という連載漫画にまでなり、その漫画には取材協力をしました。

そして、現在大きな問題として私たちのところに持ち込まれるのが「自分の親に自治体が勝手に後見人をつけたようだ、どうにかしてほしい」という事案です。自分の親に子どもである自分たちが知らないうちに後見人がついたとしたら衝撃です。しかも親が亡くなるまで解任することはできないのです。そして今までは親に対する後見人についての問題でしたが、いずれは読者の方々ご自身に自治体によって勝手に後見人をつけられるなどのトラブルに見舞われることになるかもしれないのです。

この本では、後見人をつけることで巻き込まれるであろうさまざまなトラブルをあげ、そうならないように自分の財産を守る方法を解説します。

私としても国の管理の下、国民の財産を適正な方法で守ってもらえるなら、それに越したことはありません。きちんと制度を整えれば後見制度もいい制度になるはずです。もし国が後見制度を国民にすすめるのであれば制度を次のように変えた方がいい、ということも第9章に記しました。

ただ今は問題だらけの後見制度、トラブルに巻き込まれる前にこの本を読者の方が手にしていただければ幸いです。

一般社団法人　後見の杜代表　宮内康二

目次

第3章 「成年後見制度を使わなければいけない」は嘘

第4章　成年後見制度を使わずに、銀行とやり取りする方法

第5章　成年後見制度を使わずに相続する方法

第6章 成年後見制度を使わずに不動産取引ができました！ 171

第7章 任意後見を結んで自分の財産は自分で守る！

～後見の杜以外では教えない任意後見7つの重要ポイント～

第8章 すでに任意後見契約を結んでいる方へのアドバイス

231

第9章 成年後見制度を利用している人たちの思い

～後見する側ではなく、後見される側からの提言～

第1章

成年後見制度とはどのような制度か

1. 成年後見制度って何？

大人（成年）になれば、自分のお金をどう使うか自分自身で判断します。しかし、認知症や交通事故などで障害を負うなどにより、財産に関する判断ができなくなることがあります。その場合、誰か代理の人にしてもらうほかありません。この代理人を、通常の代理人と区別して「後見人」と呼んでいます。後見人をつけるためには成年後見制度を使いますが、この制度は、家庭裁判所が後見人を選び、その業務をチェックする司法制度で、明治時代の禁治産制度を改め２０００年（平成12年）に始まりました。

「家族がいれば後見人なんて要らない」と思う人がいます。しかし、認知症などになった老親の口座がある銀行へ行くと、「ご家族でもお父さまの預金を下ろすことはできません。成年後見制度をご利用ください」と言われるでしょう。銀行は、お父さんと契約しており、家族であろうが契約者以外の人にお金を渡すわけにはいかないからです。

同様のことは、老親名義の実家を売りに出すとき、老人ホームに入るとき、場合によっては親が亡くなったときの相続時にも起こり得ます。

通常の「代理人」は、依頼者から頼まれ、銀行へ行ってお金を下ろし、依頼者の不動産を売りに出します。そして、依頼者に相談や報告をします。これに対して「後見人」は、依頼者に相談や報告をしないでよいことになっています。「認知症だから相談や報告をしても理解できないだろう」という考えがあるからです。

依頼者に報告せず、見張られもしない後見人はサボるかもしれません。自分の利益のために取引先と結託するかもしれません。そのようなことを防ぐために、通常の代理人とは異なり、後見人の業務は家庭裁判所がチェックすることになっています。

裁判所にチェックされても魔が差す後見人はいます。「後見人　横領」でネット検索すれば使い込み事件がたくさん出てきます。お客さんは認知症だからバレないと思って盗み取るわけですから卑劣な行為と言えるでしょう。

家族がいれば家族が後見人になるのが世界的な常識です。しかし日本では、後見人の約8割が弁護士や司法書士などで、親族は約2割という異常事態に陥っています。

背景には、仕事が欲しい弁護士や司法書士と、親族後見人の業務をチェックするより弁護士や司法書士などの職業後見人の業務をチェックしたほうが楽という裁判所の都合・省力化の一致があります。なるほど、「家族が後見人になれないのなら、成年後見制度を使わない人」が増え続けているわけです。

成年後見制度を福祉の一環と誤解する人もいます。

福祉において本人は、たとえば生活保護という名目でお金をもらえます。働く場所や住まいも提供され、電車やバスの運賃の割り引きもあるでしょう。

成年後見制度では、本人に対する給付や割り引きはありません。むしろ、自分についた後見人に毎年数十万円、結果的に数百万円から1000万円以上の費用を支払うことになります。

福祉の対象は本人ですが、成年後見制度の対象は本人の「取引先」です。判断能力が不十分になった人と取り引きすると、サービスを提供したが費用を払ってもらえない、もともとそんな契約はしていないと手のひらを返されるなどのリスクが生じます。

このようなリスクや手間を銀行・保険・証券会社などの金融機関、不動産事業者や介護事業者から取り除き、「認知症時代」の売買などを円滑に進めることが真の目的です。このことから成年後見制度は経済政策であり福祉とは程遠いことは明らかです。

2. 二つの異なる成年後見制度

成年後見制度には、誰を後見人にするか、何をいくらでしてもらうかを自分で決める「任意後見制度」と、それらを裁判所が決める「法定後見制度」の2種類があります。

この二つをまとめて成年後見制度と呼びます（図1）。ときどき、法定後見制度の別称が成年後見制度だと思っている人がいるようですが、成年後見制度は二つの制度の総称です。また、任意後見制度と法定後見制度は、生まれも育ちも異なります。この違いを理解せず、法定後見を利用するとはい上がれない谷底に落ちることが多いので気をつけてください。

図1．二つの異なる成年後見制度

●法定後見について

法定後見は任意後見契約を結んでいなかった人向けの補完的、対処的なものです。表向きの思想は「保護」ですが、根底には「任意後見を使わず認知症になるとは何たる無責任。財産管理を放棄したとみなし、あなたのお金は裁判所が選んだ人が管理します」という制裁的思想があります。

「法定後見を使う」とは、「無能力宣告を受ける」ことにほかなりません。自己破産のようにお金がないのではなく、「財産を管理する能力がない人」という司法宣告を受けたうえで、代理人をつけられるのです。したがって、制度を利用した後は、自分のお金を自分で使えなくなります。

この仕組みを理解せず、また説明せず、法定後見の利用をすすめる公的機関あるいは社会福祉協議会の成年後見センターなどの準公的機関が多いことを懸念しています。

法定後見において後見人になる人のほとんどが裁判所に営業登録している弁護士や司法書士です。後見人の報酬も裁判所が決めるため不透明で、自分で報酬額を決める任意後見に比して高額になりがちです。

法定後見の手続きは、本人・家族・自治体が家庭裁判所に申請して始まりますが、一度申請すると「やっぱりやめた、取り下げたい」はほぼ通りません。

申請後は、裁判所による面接調査や裁判所と関係のある医師の鑑定を経て、常に状況が理解できない、わからないと判断された人には成年後見人がつき、ある程度わかると判断された人には保佐人、たまにわからないことがあると判断された人には補助人がつきます。

このように後見・保佐・補助と3段階ありますが、それぞれの区別は厳密ではなく、保佐レベルの人に「後見が必要」となっていることはざらにあります。

総じて、法定後見の世界には、「自分で決めなかったのだから裁判所の好きにさせてもらう」という悪代官気質が充満しており、法定後見をすすめる、また、法定後見を利用する人の気が知れません。

●任意後見について

任意後見のキーワードは「本人の意思尊重の継続」です。その心は、「認知症になったらこの人にお金の管理を任せたいというあなたの気持ちを社会的に尊重し続けます」ということです。

任意後見は、自分のことは自分でするという私的自治の思想に沿っています。したがって、制度を使った後も自分のお金を自分で使えなくなることはありません。

誰を後見人にするかも自分で決めます。結果的に、家族や友人・知人が後見人になるのがほとんどです。報酬額も当事者同士で決めます。そのため、金額にも納得感があります。

任意後見の申請手続きは2段階です。まず、公証役場で頼む人と頼まれる人で契約書を作成します。そして、数年後あるいは数十年後、頼んだ人が認知症などになったら裁判所に申請し本格的にスタートさせます。

任意後見は、知っている人同士の関係で成り立つので、運用上のトラブルはほとんどありません。ただ、本格的にスタートさせる際に裁判所が必ずつける監督人と後見人の間でのトラブルは少なからずあります（90ページ）。

表1.任意後見と法定後見の比較

項目	任意後見制度	法定後見制度
キーワード	本人の意思尊重の継続	国による制裁措置
思想	「認知症などになったらこの人にお金の管理を任せたい」というあなたの気持ちを社会的に尊重し続ける	任意後見を使わず認知症になるとは何たる無責任。財産管理を放棄したとみなし、あなたのお金は裁判所が選んだ人が管理する
自分でお金を使えるか	使える	使えない
後見人	ほとんどが家族や友人・知人	ほとんどが裁判所に営業登録している弁護士や司法書士
後見人の報酬額	自分で決めるため納得感があり安価・定額	裁判所が決めるため不透明で高額・変動的
手続き	頼む人と頼まれる人で契約書を作成し、頼んだ人の状態が悪化したら家庭裁判所に申請	本人・家族・自治体が家庭裁判所に申請 ※一度提出すると取り下げ困難
種類	任意後見人のみ	本人の能力の程度にあわせて成年後見人・保佐人・補助人の3種
トラブル	あまりない	かなり多い

3. 後見人が持つ四大権利

後見人は、三つの権利（武器）を駆使して仕事をします。そして、その対価としての報酬を請求する権利を持ちます。ここでは、代理権・同意権・取消権という三つの武器と、報酬請求権について解説します。

●本人に代わって契約や支払いを行う「代理権」

代理権とは、本人に代わり、銀行や老人ホームなどと契約を交わし、必要な費用を本人の財産から払い、もらうものをもらう権利や立場を指します。

任意後見の場合、依頼者から代理権をもらって仕事をします。法定後見の場合、裁判所から代理権をもらって仕事をします。後見人といえども、依頼者や裁判所から代理権をもらっていない仕事はできません。

実務上、銀行・保険・株の取り引き、不動産売買、病院や介護サービスの手続き、相続や行政事務など広範な代理権が与えられるので、「代理権がないからこの仕事はできない」

ということはほぼありません。代理権にもれがあれば、その部分の代理権を追加して目の前の課題に臨みます。

後見人が代わりにしたことの結果は本人に直接跳ね返ってきます。「本人のためになることを代わりにしくれた」ならよいのですが、「勝手なことをされた」という権利の乱用も多分にある現場です。

「できるのにしない」後見人もいます。税金を納めず滞納金が発生した、安い施設がよいと主張して、本人が望む施設の契約をしないなどです。サボったことで、本来なら払う必要のないお金を支払った、入れたはずの老人ホームに入れないなどの損害が発生した場合、後見人が弁償すべきですが、後見される人は認知症などですからサボりを指摘することは難しく、なし崩しになることがほとんどです。

●取引先に対し、本人がすること・したことについてOKを出す「同意権」

同意権は法定後見の最大の特徴です。耳慣れない言葉なので、携帯電話の契約を例に考えてみましょう。

成年被後見人、被保佐人、被補助人が、店などで携帯電話の契約をしたとします。法定後見を使ったことで経済人として半人前というレッテルを貼られているので、彼らが単独でした契約は成立していません。請求書が来て初めて本人が契約したことを知った成年後見人、保佐人、補助人が、店に「本人がした契約に同意する」と伝えることでようやく契約が成立します。

お墨つきと同じような効果を持つ同意権が法定後見に存在する背景には、「判断能力が不十分とはいえ何もできないようにするのはやり過ぎだろう」という考えがあります。世界的には、同意権で制度を運営するのが主流と言われますが、日本では「俺に任せろ（お前は黙ってろ）」のような代理権主導で現場が運営されています。

何でもダメと言って同意しない後見人がいます。そのようなときのために、裁判所に直談判する方法が用意されています。「孫と一緒に旅行に行きたいが後見人がお金を出してくれません、行きたいので許可してください」という具合に裁判所に書面を出すのです。裁判所は、ＯＫを出したり、出さなかったりです。自分で決めた後見人などを差し置き、国としての態度を明らかにするのは面倒なので、申請を受けた裁判所は後見人などに「何とかしとけ」と指示し、状況が好転することも少なくありません。

同意権は法定後見だけに存在し、任意後見にはありません。法定後見は無能力宣告を下しますが、任意後見はそのようなダメ出しをしないので、後見人の同意を要さず、自分の判断で契約を結んでもよいことになっているからです。

●本人がしたことをなしにする「取消権」

取消権も法定後見に特化した概念（権利）で、本人がしたことを一刀両断になしにするパワーがあります。つまり、被後見人が購入したものや、契約したことを後見人などがキャンセルできるのです。

認知症、ましてや独居となると、いわゆる悪質業者から、宝石、ソーラーパワー、不動産投資などの売りつけ被害にあうことがあります。成年後見制度を使っていれば、後見人などが、「本人があなたとした契約を取り消す」と相手先に通知することで、払ったお金は戻ってきます。

もし成年後見制度を使っていなければ、錯覚や誤解をしていたから無効にしてください

（錯誤無効）、高齢で認知症になっている人にその金額で売るのはあんまりでしょ（公序良俗違反）ということで、弁護士を通じて裁判をすることになりますが、取消権と異なり結果は保証されません。裁判をしても無駄だろうと泣き寝入りすることも少なくありません。

後見人に与えられている取消権は、本人がしたことをなしにできる点はいいのですが、取消権の濫用では、と思われるケースも散見されます。

「本人が正月用に注文したおせち料理を勝手に取り消した」「本人がお寺さんと結んだ海洋散骨の契約を取り消した」など、このような取り消し行為をした後見人もいます。

財布を握っているのは後見人なので、取り消された取引先側は無料でサービスを提供するわけにもいかず、本人に申し訳ないと思いながら後見人からの取り消しに応じます。

任意後見人に取消権はありません。任意後見では本人に無能力宣告を下さないので、本人がしたことを取り消すのは失礼にあたるという考えがあるからです。「認知症になったら代わりにしてくれ、さらに、無駄なことをしたらなしにもしてくれ、というのは欲張り過ぎでしょう」という考えもあるでしょう。

●後見人としての報酬を本人に求める報酬請求権

任意後見にしても法定後見にしても後見人の報酬は原則無料です。報酬が欲しい場合、任意後見の場合は金額を契約書に盛り込む、法定後見の場合は裁判所に報酬を下さいと申し出ることになっています。この手続きは、家族でも、知人でも、NPO法人でも、弁護士などでも同じです。

任意後見人が依頼者から得る業務報酬額は、当初に結ぶ契約書に盛り込みます。家族の場合、月0～5万円、弁護士や司法書士の場合、月3万～8万円が一般的です。

この費用は、公証役場で任意後見契約を結んですぐ発生するものではありません。いよいよ任意後見を使わなければならない状態となったら、裁判所に申請し、監督人がつき、任意後見契約が本格的にスタートしてから費用が発生します。

法定後見の場合、裁判所は、1年に1回程度、成年後見人などから要請を受けた場合に限って、業務に対する報酬額を提示します。いくらになるのか誰もわからないので、払う方ももらう方もドキドキします。

しかし、裁判所が出す金額は、成年被後見人・被保佐人・被補助人に対して支払いを命じるものではありません。裁判所は、その金額を請求する権利を成年後見人などに与えるだけで、被後見人などに支払いを命じたわけではないからです。**裁判所が決めた金額だからただちに払わなければいけないという誤解は払拭《ふっしょく》してください。**

4. 後見人に課せられる四大義務

成年後見人・保佐人・補助人・任意後見人には四つの義務が課せられています。それぞれについて解説します。

●取引先に自分の立場を明らかにする「顕名義務《けんめいぎむ》」

赤胴鈴之助を覚えていますか? 決闘相手に「名を名乗れ」と言われ「赤胴鈴之助だあ!」と返す懐かしの剣道漫画です。

後見人も、本人の代理人として、取引先にどこの誰だか名乗る義務があり、これを「顕名義務」と言います。

後見人の身分を証明する際、仕事用の名刺を出す人がいますがそれはダメです。名刺は「ある人の後見人であることを証明するもの」ではないからです。いつ、どこで、誰が、誰の、成年後見人・保佐人・補助人・任意後見人になったかは、後見登記・保佐登記・補助登記・任意後見登記という形で事案ごとに法務局に登記されています。

後見人として仕事をするときは、その「登記事項証明書」を相手に見せることになっていますので、登記事項証明書の提示がない場合、後見人だと言っても対応してはいけません。本人の情報を教えるのも危険です。後見人を名乗る詐欺事件も散見されるからです。「このたび、裁判所から命じられ、お父さんの後見人になった○○です。つきましては、お父さん名義の通帳、印鑑、その他の重要書類を事務所まで送ってください」という連絡が来ても、「お手数ですが登記事項証明書を送ってください。それを見てから検討します」と回答するのが正解です。

●本人の気持ち・経済状況・生活環境を踏まえて仕事をする「身上配慮義務」

成年後見制度の主役である本人は判断能力が十分ではありません。だからといって馬鹿にしてはいけません。むしろ、より慎重に本人の気持ちを汲《く》み、本人が使うようにお金を使うべきという概念（義務）があります。

身上配慮義務は、家族以外の後見人に向けたメッセージと言えます。家族であれば、本人のことをおよそわかっていますが、見ず知らずの人が後見人になる場合、弁護士などの資格があっても本人についてはまったくの素人です。つまり、面倒がって馬鹿にしたり無視したりするリスクがあるので、本人の気持ちを汲むべきという義務が用意されています。

しかし、本人の意見を無視・軽視する後見人は少なくありません。今のところ身上配慮義務違反に対する罰則はありませんが、罰則規定を設置し、質の悪い後見を是正することも一案と思い続けています。

●本人の大事なモノをなくさず保管する「善管注意義務《ぜんかんちゅういぎむ》」

後見人になると、本人の通帳、印鑑、カード、保険証券、不動産権利証など、財産に関する重要な資料を預かります。これらをなくさないよう、善良なる管理者として注意しなさいという義務を「善管注意義務」と言います。一般に預かったモノはリストにして返還するときにチェックしますが、**リストを作成しない後見人も少なくありません。**

被後見人が施設に入ったことで空き家となった自宅の管理や掃除を業者に依頼するのも善管注意義務の一環です。管理を怠ったことで自宅の壁が倒壊して隣人の車に傷をつけてしまったような場合の弁償は、後見人自身がすべきことです。

●本人の健康面、生活面、財産状況を報告する「報告義務」

後見人は、何をしたかや、本人の財産や収支状況について、裁判所に報告する義務を負っています。裁判所と後見人の間に監督人がいる場合、後見人は、監督人に報告し、監督人が裁判所に報告します。

報告書の提出頻度は年1〜3回が一般的です。報告内容に整合性がない、不自然あるいは多額の支出があると裁判所から呼び出されますが、きちんと説明できれば大丈夫です。

使い込みをした後見人はたいてい虚偽報告をします。たとえば通帳のコピーを出す際、残高の8の上下左側を塗りつぶし3に見せ500万円程度の使い込みの発覚を逃れようとします。

裁判所に報告しない財産を好き勝手にするケースもあります。これをされると裁判所といえども見抜くことはできません。報告された財産目録だけをチェックしているからです。報告について話題になるのが、本人や家族に対する報告義務はないのか？　ということです。**結論から言うと本人や家族に対する報告は義務化されていません。**

しかし、本人のお金なのだから、認知症とはいえ本人に報告すべきではないでしょうか。本人の財産はいずれ家族の遺産となるので家族にも報告すべきという意見もあります。

義務はないけれども仕事がしやすいので本人や家族に報告する後見人もいます。家族の立場からすると、自分の親の収支状況を教えてもらえないことに不満や不信をいだく人がほとんどです。しかも、家族に教える後見人もいれば、義務はないと言って教えない後見人がいるなど、どのような後見人にあたるかは不明です。これも後見制度が使われない理由の一つなのでしょう。

第2章

本当にあった後見人トラブル実例

＊個人情報保護のため変更箇所があります。

【CASE1】　Aさん
自分が後見になれると思ったのに……

えっ誰この人?!
後見開始の審判書
お父さんの後見人を
弁護士Aとする
令和○年○月○日
◆◆家庭裁判所
後見人は私のハズじゃ!
プルルル…
ハイ
裁判所です
すみません
何で私が
後見人じゃ
ないんですかっ
裁判官が決めた
ことに文句は
言えません
ガチャ

翌日
XX-0099
お父さまの後見人になった弁護士のAです
はっ…はい
お父さまの通帳と印鑑キャッシュカードを持って来てください
そんなことしたらお金が下ろせなくなるじゃないですか
そうですよ?
これからお父さまの財産は私がすべて管理します

CASE1　家族が後見人になれない

「成年後見制度」という言葉を銀行で初めて聞いた、という方は少なくありません。ほかにも、保険会社、不動産業者、老人ホーム、地域包括支援センター（在宅介護サービスのよろず相談所）などから言われて成年後見制度の存在を知るのが一般的です。

成年後見制度には、すでに述べたように自分で後見人を決める「任意後見制度」と家庭裁判所が後見人を決める「法定後見制度」がありますが、銀行などがすすめるのは「法定後見制度」です。法定後見制度は問題が多くておすすめできませんが、参考までに法定後見制度を使う流れをざっと紹介します。

まず、認知症高齢者など、後見人がつく人（被後見人）の戸籍、印鑑証明、住民票を役所から取得します。病院へ行き、成年後見制度が必要なほどの精神状態であるという専用の診断書をもらいます。どうして成年後見制度が必要なのかを裁判所に知らせるために本人の生活状況を書きます。どの銀行にいくらある、どの保険に入っている、不動産はどこにあるなどの財産一覧表を作成し、年金や家賃などの収入額、食費・水道光熱費・医療介護費・税金など1年分の支出額を書きます。

また、自分自身が老親の後見人になりたい場合、自らのプロフィールを書きます。どこで生まれ、どこで学び、どこで働いているか、年収・健康状態・家族構成、後見人になったら本人の財産をどのように管理し、本人の医療や介護をどう手配するかなどの活動予定を書きます。

このような申請書類を受けつけた裁判所は、「本人に対する面接」「後見人候補者への面接」「本人の能力をより正確に調べるための精神鑑定」の三つを行うことになっています。しかし、裁判所の「手続き飛ばし」が増えており、漫画のように、いきなり結果の通知が来ることも少なくありません。

漫画では、家族が後見人になれるというから申請したのに、結果的には、見ず知らずの人がお父さんの後見人になりました。どうして、見ず知らずの人が後見人になるのか。それは、成年後見制度は需要に対して供給過多の状態にあるからです。

楽して稼げるとでも思っているのか、「後見ビジネス」に参入している弁護士、司法書士、社会福祉士、その他の「士業」が増えています。この人たちに仕事を出さないといけないと考える裁判所は、後見人になることが可能な家族を差し置き、裁判所に営業登録している弁護士などに案件を提供します。その際、保有預貯金額が高かったり、不動産売却や相続が見込まれたり、すなわち、後見人報酬額が割高になる案件が提供されることになっています。「金にならない案件は家族に回せばよい」という考えが裁判所にあるのでしょうが適切な運営とは言えません。

後見人から通帳などを引き渡すよう求められても、「本人に頼まれているから渡せません」と反発するご家族は少なくありません。すると、後見人は、お父さんの代理人として容赦なく家族を訴えます。「不当利得返還請求《ふとうりとくへんかんせいきゅう》」といって、不当に利益を得ているから返還せよという内容の裁判ですが、当のお父さんが、「妻や子どもに何でそんなことをするんだ」と怒っても、「被後見人となったあなたは無能力者、あなたの発言に意味はありません」と冷淡に無視するでしょう。これが、法で定める後見制度、すなわち、法定後見制度を使ったことで生じる最初のトラブルの実情です。

【CASE2】　Bさん
後見人による出費制限、残高も不明

老人ホーム〇〇
母がお世話になります
わざわざすみません…
私の好きなお菓子覚えててくれたのね
母さん…！
よく来たねぇ
ありがとう飛行機代は私が出すからね
会議室
ダメです
お土産は嗜好品《しこうひん》不必要な出費は認めません
でも母はこのお菓子が大好きだし
施設の方にもお世話になるから

私の仕事はお母さまの財産を減らさないこと
無駄遣いは1円もできません
じゃあ飛行機代は？
出せるわけないでしょあなたたちの移動なんだから
母がいいって言っているのですよ
関係ありません
母の貯金いったいいくらあるんですか？
言えるわけないじゃないですか
言う義務もありません
お母さまが亡くなったらわかりますよ

CASE2　後見人がつくと、お金を使えなくなる・残高もわからなくなる

「後見人の仕事は財産を減らさないこと」と明言する、とくに弁護士や司法書士の後見人が増えています。しかし、制度上、そのようなことはありません。

その明らかな証拠として、裁判官として成年後見事件に詳しく、私も一緒に仕事をさせていただいたことがある片岡武氏が、成年後見人となる弁護士など向けに書いた『家庭裁判所における成年後見・財産管理の実務』（日本加除出版）に次のような記述があります。

「後見人が、被後見人の親族の利益に配慮して被後見人の財産を減らさないように後見事務を行い、被後見人の生活を維持、向上させるために被後見人の財産を使うということがなかったとしたら、どうでしょうか。被後見人の意思や身上に配慮した後見事務を行ったものとは評価されないと思います。後見人は、被後見人の療養看護や財産管理を行う際に、単に被後見人の財産を維持・保全するのみでなく、被後見人の意思や自己決定権を尊重し

て、被後見人の生活の質を維持、向上させるために、被後見人の財産を活用する必要があるのです」

どう読んでも、「後見人の仕事は財産を減らさないこと」にはなりません。片岡氏の記述にもあるように、成年後見制度は、本人が使うように財産を使う制度です。したがって、お世話になる施設への手土産代や、お母さんの好物であるお菓子代、息子たちが自分に会いに来てくれた飛行機代などが〝無駄遣い〟であるはずがないのです。

勘違いしている後見人の迷言として、「本人が好きだからといって温泉に行くのは無駄遣い」「被後見人にケーキなんて食べさせないで」「後見制度を使った以上素敵な洋服なんてぜいたく」「結婚祝いや香典を立て替えたというなら領収書をもらってきてください、そうしたらその分の費用を払います」「被後見人となったご主人のお金で美容院に行くのはもったいないから控えていただきたい」などがありますが、いずれも制度が想定しない暴言です。その後見人独自の見解に過ぎませんので、支払いを求め、払わないと言うなら、裁判所に苦情を出すか、後見人を被告に裁判を起こすといいでしょう。それにより後見人を辞めたり、態度が変わったりすることが少なくないからです。

本人の残高を家族に教えない後見人もいます。他方、家族に教える後見人もいます。教えることで、家族の協力が得られ、被後見人、後見人、家族、取引先（たとえば施設）のやり取りがスムーズになることがあるからです。家族に残高を教えなければいけないという義務的な法律はありませんが、教えてはいけないという禁止的な法律もないのです。

そのような中、「被後見人が死んだら、自分がもらっている報酬額がわかるからそれまで待てばいい」というのは失礼千万な発言です。弁護士法や司法書士法に定められている「品位を欠く行為」に該当すると考えられるので、弁護士なら所属弁護士会に、司法書士なら管轄である法務大臣あてに懲戒請求をすることで状況改善が見込まれます。

誰だって、要らぬトラブルやストレスを抱えたくないでしょうから、法定後見制度を使わないことはもちろん、親の認知症が重症化する前に、銀行からお金を下ろし、預貯金以外の方法で管理するなど対策をしておくのが賢明です（第4～6章参照）。

【CASE3】 Cさん

被後見人の生活の質より自分の報酬

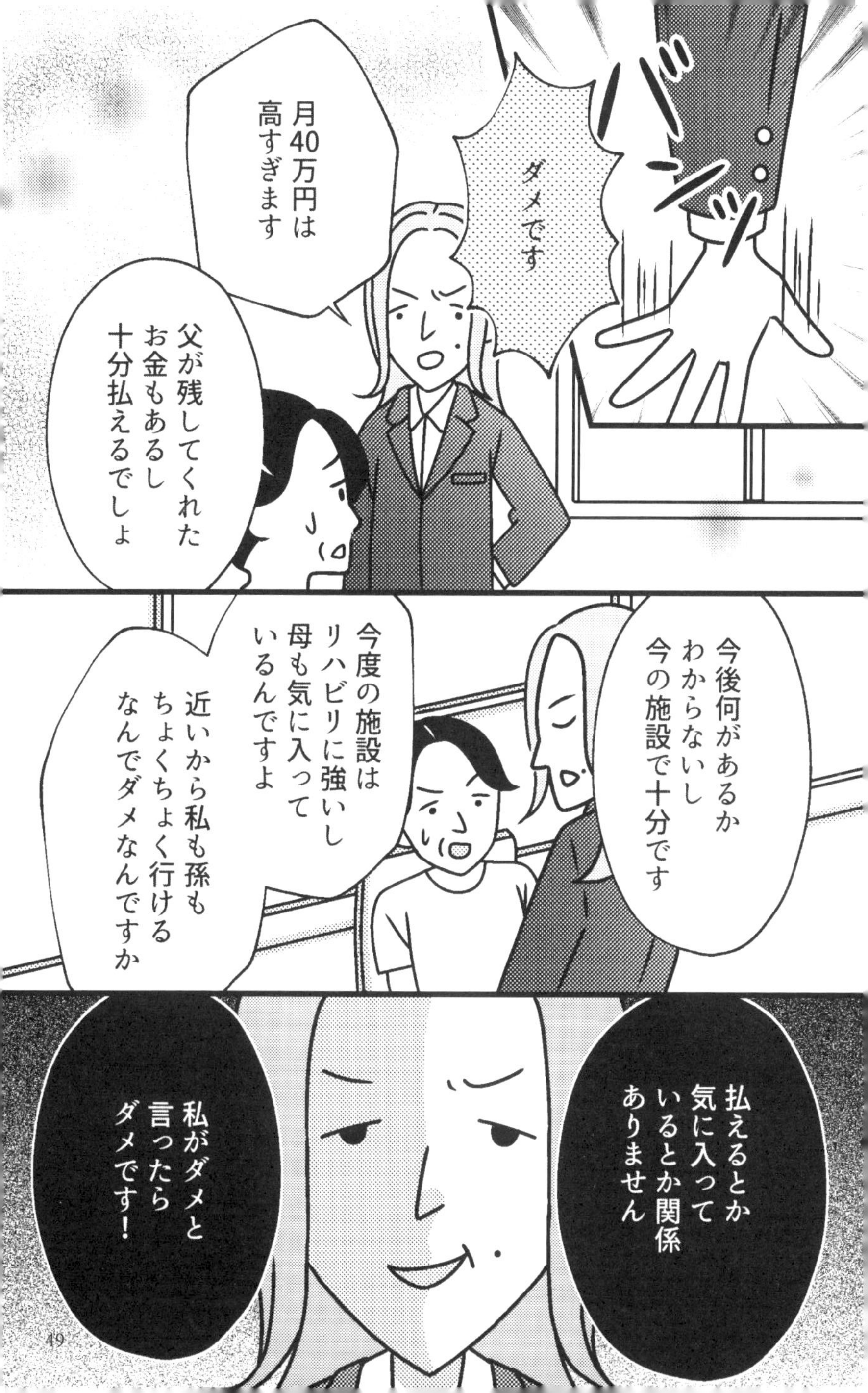
バン
ダメです
月40万円は高すぎます
父が残してくれたお金もあるし十分払えるでしょ
今後何があるかわからないし今の施設で十分です
今度の施設はリハビリに強いし母も気に入っているんですよ
近いから私も孫もちょくちょく行けるなんでダメなんですか
払えるとか気に入っているとか関係ありません
私がダメと言ったらダメです!

CASE3　後見人報酬が月89万！内密にされる多額の報酬

「夫が亡くなり、遺産が入ったので子どもの家の近くにできた老人ホームに引っ越したい。しかし、後見人が料金を理由にダメと言って引っ越しできない」ということですが、この手の話はよくあります。

結論から言うと後見人の態度はアウトです。なぜなら、どこに住むかを決める権利は本人のみが持つものであり、後見人がとやかく言える範疇を超えているからです。後見人は、希望に沿って新しい施設との契約を締結し、費用を払い、お世話になった施設の退所手続きを粛々とするほかにないのです。

後見人は「料金が高いからダメ」とも言っていますが、その心は、被後見人の預貯金が減ると後見人の報酬も減るからという利己的な都合に過ぎません。

成年後見制度の被害者が集う「後見制度と家族の会」の調査によると、平均して、後見期間は5年3ヵ月、報酬総額は661万5000円、月あたり10万5000円の後見人報酬が取られ続けていました。9ヵ月で801万円（月89万円）取られたケース（ク）や、44ヵ月（3年8ヵ月）で2500万円（月56万8000円）取られたケース（ケ）もありました（**表2**）。

金額の多寡も問題ですが、すべてのケースで、家族や被後見人自身が、後見人の報酬がいくらか聞いても教えてくれなかったそうです。金額を決定している家庭裁判所に報酬額を聞いてもすべて拒否されたとのこと。本人（被後見人）が亡くなるまで、後見人と裁判所以外の誰も、後見人の報酬額を知ることができないのが法定後見制度なのです。

後見人報酬の見直しが国の会議で行われています。利用者の「高い」という声に反し、弁護士会などは「後見人報酬をもっと上げるよう」主張しており、さらなる高騰が懸念されます。

表2.後見人がついた期間と払った報酬
出所：後見制度と家族の会（2024年）

事例	後見期間（月数）	後見人報酬（万円）	
		総額	月平均
ア	168	1100	6.5
イ	29	190	6.6
ウ	51	421	8.3
エ	60	221	3.7
オ	44	121	2.8
カ	45	375	8.3
キ	88	430	4.9
ク	9	801	89
ケ	44	2500	56.8
コ	93	487	5.2

【CASE4】
後見人は本人が死ぬまで外せない

CASE4　後見をやめたい家族vs吸い続ける後見人

法定後見制度を利用している人の多くが後悔しています。理由は、「家族が後見人になれなかった」「見ず知らずの後見人に虐げられる」「どこに行っても相談にのってもらえず八方ふさがり」などですが、その後にあらわれる症状は、「眠れなくなった」「食事がのどを通らない」「体重減少」「うつ」「誰も信用できなくなった」「こんなことなら死んでしまいたい」など重篤です。見ず知らずの人に財産を管理されるというのはそれほどのストレスになるのです。

海外でも同じような現象が見られます。スイスの報道機関であるSWI swissinfo.chによると、後見人をつけられたくないとドイツに逃亡した家族がいます。後見人をつけられ、家族がバラバラにされるくらいなら死んだ方がましと考え、家族に手をかけ、その後刑務所で自死した人もいます。

アメリカの『パーフェクト・ケア』という映画では、裁判所が決めた偽善的後見人が、高齢者たちを「金のなる木」と呼び、暴利をむさぼる様子が描かれています。日本でも、『親のお金は誰のモノ』という映画で後見人問題が取り上げられ、『れむ　a stray cat』(小学館)という漫画では、国が作った成年後見制度が人のつながりを裂いていく様子が赤裸々に描かれています。後見される側からすれば、後見人は一度くらいついたら離れないヒル、すっぽん、吸血鬼にしか見えないのでしょう。

【CASE5】　Dさん
よかれと思って結んだ弁護士との契約の末路

老後について
いろいろ心配
ですよね
ハイ…
マンションを
どうするのか
今から準備して
おけば安心ですよ
あとは私に
お任せください
はいっ
お願いします
契約書

交わした契約
・見守り契約
・財産管理委任契約
・任意後見契約
・死後事務委任契約
・(公正証書)遺言
契約書ってこんなにあるの？
契約書作成費用だけで80万円…まぁ財産を守るための必要経費と思えば…
おひとりさまの契約はこんなものです皆さんそうしていらっしゃいますよ
これで安心ですね何かあったら連絡ください

つながらない…
相談したい
ことがあるのに
地域包括支援センター
弁護士さんは
忙しいので…
そのうち
つながると
思いますよ
はぁ…
私が心配
し過ぎなの？
ピーポー
ピーポー

ストレスですね 食事摂れてない でしょ… 何かあったんですか
……
弁護士に 連絡が つかない…
え？
お金も払った… 「安心してください 何かあれば連絡 ください」って 言ったのに…
お大事に
どうしても 携帯電話は 教えてくれ なかった
そういえば
イレレレレ…

地域包括支援センタ
弁護士さん お忙しいんでしょうね
次の方 どうぞー
えっ…
こんなに連絡がつかないなら 私が死んでも気づいて もらえない… 何のために契約したんだろう
でも別の弁護士に 変えたとしても 頼れる弁護士とは 限らない
やり取りは 3年間で3回の 年賀状だけ…
あけましておめでとうございます
80万円÷3＝ 1通26万円の 年賀状が…
おめでとうございます
いったい誰に 頼ればいいの
ご自由にお取りください
後見人にピッタリな 弁護士紹介ならお任せくださ

CASE5　弁護士に頼んでさらに不安になった

老後が不安だから弁護士に頼んだのに、頼んだことで別の不安に見舞われたという実話です。このようなことはよくあり、とくにおひとりさまは気をつけていただきたいです。

そもそも弁護士は老後の生活や成年後見制度の専門家ではありません。高齢者のサポートをしたくて、あるいは、成年後見人になりたくて弁護士になった人を私は見たことがありません。「弁護士としていろいろなことを知っておきたいから成年後見関係も数件だけやっている」という話は弁護士からよく聞きますが、成年後見一本で生計を立てている弁護士を私は知りません。数件あるいは数十件程度の実績でその道のプロと言えるはずもなく、したがって、弁護士は成年後見制度の専門家ではないのです。司法書士なども同様で、本業のかたわら、成年後見制度を少しやっているだけなのです。

日本には、後見人になるための資格はありません。法律にあるのは、「このような人は後見人になれない」という欠格条件で、次の5つです。

・未成年者　子どもが大人の財産を管理するのは無理だろうから
・破産者　自分の財産を管理できない人は他人の財産も管理できないだろうから
・解任経験者　後見人を首になったことがある人は信用できないから
・係争中の人　裁判をしている間柄の場合、相手方の後見人になると利害がこじれるから
・住所不定の人　どこに住んでいるかわからない人は連絡も取れず仕事にならないから

この5つに該当しない人は誰でも後見人になれる法律があるだけなのですが、弁護士しか後見人になれないとか、弁護士だから大丈夫と思い込む人がいます。地域包括支援センターや社会福祉協議会で働く人たちの中には、そのように偏った思考に陥る人が少なくないようで、相談に来た高齢者を無責任に弁護士に差し向けてしまうのです。

この弁護士はDさんと5つの契約を結びました。月1回程度安否確認をする「見守り契約」通帳や印鑑を預かり必要に応じて銀行へ行きお金を下ろすなどの「財産管理委任契約」、認知症になってから財産管理をする「任意後見契約」、亡くなったときに役所へ届け出て葬儀の手配や支払いをする「死後事務委任契約」、遺産を分配する「遺言」の5つです。

いわゆるおひとりさまには、いずれもあった方がいい内容と思われますが、依頼した内容的に弁護士に頼む必要はなく、友人や知人に頼んだ方が実効的で、実際、友人や知人と同種の契約を安価で結ぶ人はたくさんいます。

契約書を見ると、見守りは無料で、「何かあればご連絡ください」という内容になっていました。なるほど弁護士から連絡が来ないわけです。財産管理は、正式に始まったら月5万円の費用が発生することになっていました。お願いすると年間60万円、10年間で600万円かかるのでDさんは正式な依頼を控え、そのことで弁護士との関係が疎遠になったとも考えられます。こうなると、契約書は絵に描いた餅にほかならず、80万円の契約書作成費用はもったいなかったと言わざるを得ません。

任意後見は実際に契約がスタートしたら月6万円の費用がかかることになっていました。死後事務はまとめて100万円です。この手の契約書の相場はあってないようなものですが、保証人になることを含め、同じようなサービスを提供する士業が増加しているので、頼むならいろいろ比較してください。契約したら態度が横柄になったというケースもあるので、おかしいと思ったら潔く解約することで無用な不安から解放されます。

問題は遺言です。通常は、遺産を分配する作業（いわゆる遺言執行）にかかる金額を書いたり、遺産額の何パーセントと明記したりするのですが、この契約書では、「報酬額は弁護士事務所の規定による」としか書かれていませんでした。これは恐ろしいことです。なぜなら、規定を変えたらいくらでも取れるようになっているからです。弁護士と地域包括支援センターの癒着《ゆちゃく》も気になるところです。

【CASE6】 Eさん

大問題!! 行政による高齢者拉致

港区役所
はい 港区です
手紙が届いたのですが 父が何かしたのでしょうか?
そもそも後見人って何ですか?
現在お父さまを保護しています
身体だけでなく財産をお守りするためにも 後見人が必要と判断しました
え? 保護してくださっているんですか? ありがとうございます
同意する
同意しない
後見人をつければいいんですね? すぐにチェックして FAXで戻します!

送信しました
父はどこに保護されているんでしょう？
すぐに迎えに行きます
居場所は教えられないですが安心してください
居場所は教えられないってどういうことですか⁉
守秘義務があり教えられません
守秘義務⁉
私、家族ですよ
父はどこにいるんですか！
申し訳ありません
教えられません
ガチャ
この日から私の闘いは始まりました

翌日「後見人には同意しない」とFAXを送り直しましたが音沙汰はありません
父の居場所は100ヵ所以上の老人ホームに電話をかけ
ひょんなことから港区とは遠く離れた埼玉の精神科病院に入れられていたのがわかりました
精神科病院
やっと見つかりましたね
行きましょう
はい！
何かあったときのために弁護士にも同行していただきました

後見人がついていても
弁護士の私には
お父さまに会う権利が
あります
まずは私が
行ってきます
お願いします
タタタ…
！
あなたたち
誰ですか
港区の
職員です
なんでいるの?!
あなたたち税金を
使ってわざわざ
来たんですか！
たかがひとりの住民を
家族にも知らせず
なんでこんな病院に
入れていたんですか

調べたところ
2016年春
「成年後見制度の利用の促進に関する法律」が施行されていた
その狙いは高齢独居の住民であった
高齢者には後見人をつけましょう
港区でも成年後見制度利用促進基本計画があり予算がついていることもわかった
この人なんかどうかな？
やっちゃいましょう
父もノルマ達成のターゲットにされたのである

創業社長だった
父には
ある程度の
資産があった
そのため後見人への
月々の支払いも
かなりの額になる
こんなことまで
たくらんでいた
なんて…
区とつながっている
弁護士の後見人候補が
お金は十分にあるにも
かかわらず
マンションを
売ろうとしている
ことがわかった
マンションが
売れると後見人には
ボーナスが入り
区は独居老人を追い払い
若返りを図れる
ここに
目をつけられ
たのだろう

父に面会した弁護士が
父は認知症でも精神障害
でもないと言っています
私と会いたい
早く出してくれと
言っているそうです
連れて帰れないなら
警察呼びますよ！
こうして私は
その日に父を
取り戻すことができた
父が保護の名の下
拉致されてから
5ヵ月も経っていた

港区は保護というけれど
だまして誘い出すのは誘拐 力づくで連れて行くのは拉致
これは公的な拉致です こんなことが日本で起こるとは信じられません
父には私がいたから何とかなりました
ご家族がいない方はそのまま入院させられ市区町村の申請で後見人がつき 身体もお金も拘束されるのです
港区にはほかにも同じようなことをされている家族が複数いることがわかりました
この事件以来悪夢にうなされ不眠・精神不安になり平穏な日々は戻っていません
成年後見制度っていったい何なんでしょう

CASE6　不動産を持つ高齢者を拉致して後見をつける自治体

自治体が、保護の名の下本人の身柄を拘束し、家庭裁判所に申請してしまうのですから恐ろしい限りです。しかし、このようなことは全国各地で起きています。

東京都港区が、この家族に関与するようになったきっかけは親子げんかでした。テレビのスイッチをめぐる口論がエスカレートし、当時父親と同居していたEさんの妹がお父さんに手をあげ、お父さんが警察に通報。念のためお父さんは病院へ、興奮冷めやらない妹さんは港区が強制入院させました。

4ヵ月が経ち「来週火曜日、娘さん退院です」と連絡を受けたお父さんは「やっと会える！」と喜び娘を迎えに行きました。しかし、港区は「退院はしましたが別の所に居ます」と突き放します。「どこにいるんだ、家族だから会わせろ」と食い下がりますが、「会わせられない」「教えられない」の一点張り。お父さんは、「なんで実の娘に会えないんだ！」と声を荒げたところ、警察に通報され、「暴力行為あり」として身柄を拘束、翌日、港区長の名で埼玉県の精神科病院に医療保護入院させられたのです。

お父さんが入院している間に、港区は成年後見制度の手続きを取ります。本人の保護のためというのは表向きの名目で、真の狙いはお父さんが所有する高級マンションの売却といえるでしょう。90歳過ぎの男性がひとりで暮らすより新しい家族が入居することで地域が活性化する、お父さんは売ることに反対するだろうから後見人にマンションを売らせよう、後見人は不動産売却ボーナスでもうかる、という算段でしょう。

これを妨害されたくないから、港区はお父さんの居場所をEさんに教えなかったと考えられます。実際、港区とつながっている本件の後見人候補者の資料を見ると、お父さんには十分な現金があるので不動産を売る必要などないのに「不動産を売る予定」と書かれていました。

さらに奇妙なことを発見しました。裁判所に提出されたお父さんの診断書（成年後見制度用）が何者かによって変造されていたのです。具体的には、保佐相当というのを改めて後見相当にチェックし直した形跡があるのです。

診断書を書いた医師は「修正した箇所に私の印鑑が押されているが、私が修正したものではない」と意見書を出しています。病院も院長名で「病院は関与していない」という意見書を出しています。診断書を触ることができたのは医師・病院・港区の3者だけですから、消去法によれば変造したのは港区となってしまいます。

どうして診断書が（何者かによって）変造されたのでしょうか。保佐だと区の介入がしづらいので、最重度の「後見」に変更し、致し方なく本人や家族に代わって区が法定後見開始の申し立てをするという体裁にするためだったと推測できます。

この診断書をもとに裁判所は、お父さんに対して後見開始の判決を出します。怒ったお父さんとEさんは、即時抗告といって判決の確定に待ったをかけました。そして、夏の暑い盛りに、認知症専門医など高名な医師5名に診断してもらいました。すると、「認知症ではない」「年齢なりの認知力」「軽度認知障害」という所見ばかりで、誰ひとり当初の診断書にある「アルツハイマー型認知症」と診断しませんでした。能力の程度についても、自立とした医師が1名、軽い補助とした医師が2名、中くらいの保佐とした医師が2名で、判断能力も意思決定能力もない人につく「後見」と評価した医師はひとりもいませんでした。

医者へ行くのと並行し、お父さんは銀行の窓口でお金を下ろしたり、新しい口座を開設したりしました。スーパーの買い物もひとりでしていました。法定後見を避けたい一心で、公証人の前でEさんと任意後見契約も結びました。

お父さんには日常生活を自分で行える能力があるというこれらの複数の事実を高等裁判所に提出したところ、３名の裁判官によって、当初の判決はやり直しの命令を受けました。やり直すことになった家庭裁判所は、港区からの後見申請が要件を満たしていないとして却下し、お父さんは晴れて経済的に自由の身になることができたのです。

Eさんは２０２２年5月に港区から連絡を受け、後見問題を終わらせたのが２０２３年12月、実に1年半、突如襲ってきた人災に対峙《たいじ》せざるを得なくなったのです。４ヵ月の医療保護入院を強いられたお父さんは、「戦時中じゃあるまいし、なんで強制的に入院させられ、自分で働いて築いた財産を見ず知らずの人に押さえられないといけないのか」とハッキリおっしゃっていました。国をあげて、自治体による後見申請が盛んになる今、この事例は、対岸の火事ではなく、あなたの家族に明日降りかかっても何らおかしくないことなのです。

【CASE7】　Fさん

店も自宅も売却、愛猫も処分されたおひとりさま

高齢者支援課
会議室
お名前は？
○山○子
生年月日は？
ん〜いつ
だったけか
ご住所は？
えーと…
ほら
あそこよ
あの店！
不動産のローンは
いくらありますか
預貯金はいくら
くらいですか
区の人に任せておけば
心配ないよな…

Fさん後見いけますよ
職員会議室
彼女に後見人がつけば今年のノルマがあと3件になるわね
そうだねおひとりさまだし危ないいし
後見つけても文句言う親族いないいんでしょ？
いない！ いない!!

○○司法書士事務所
先生いつもお世話になっております案件出たのでいかがですか
ありがとうございます
お引き受けいたします
お店の処分と不動産売却あります
基本報酬に加えお店の処分と不動産売却でボーナスゲット！
ぐっ
よっしゃあ！

ピンポーン
どなた？
○山○子さん区の者ですちょっとお話があって伺いました
お邪魔しますね
え?!
ズカズカ…
ちょっと…
ご近所からFさんの一人暮らしは危ないと通報がありました
大丈夫だよ今日も仕事あるし猫ちゃんもいるし
いやいや1日でいいので別のところでお休みになってはいかがですか
いいってば
いやいやそう言わずに

仕方ないわね…
こうしてFさんは劣悪な施設に連行されてしまいました
はじめまして Fさんの後見人になった司法書士です
何それ？誰あんた？
とにかくここから出してよ お店あるし猫ちゃん心配だから
まあ急がないで
ここでゆっくりされてください
司法書士は急いで
・Fさんの家を売り飛ばし
・Fさんのお店をつぶして空き地に
・愛猫をペットショップに預け
1週間で死亡させてしまいました

3ヵ月後
ママ 元気だった？ 心配したよ
……？ 早くここから出してよ
あれ…
ベッドは？
ベッドから落ちてお怪我をされると大変なので 床の布団に寝ていただいています
こんな硬い床に寝かせているの⁉
布団の下にはダンボールを敷いていますから
そんな…
ここの支払いはどうなっていますか？

後見人の方は見に来ているんですか？
来てはいませんがお金は払われています
ママが後見人頼んだんじゃないの？
頼んでないよ！
区の人とか司法書士は来たけどね
そんなことよりお店やんなきゃ猫ちゃんにも会いたい
早くここから出してよ
そんな…区に任せたのにこんなことになるなんて

CASE7 頑張って生きてきたおひとりさまの末路

女将《おかみ》は生涯独身、西の方から上京し、浅草で小料理屋さんを開き、阪神タイガースのファンなら誰もが知る有名店となりました。

とある客が、「女将が認知症かも」と区に通報するや、区は、女将に後見人をつけるよう家庭裁判所に申請、区と関係のある司法書士2名が女将の後見人になりました。

後見人は、女将を劣悪な施設に閉じ込め、その間にお店をつぶし、自宅マンションを売り飛ばし、愛猫を処分しました。女将には理解力や判断能力が残っていたので、女将と女将を慕う常連客は、司法書士事務所を訪ね、「なんでお店をつぶしたのか？　家は誰にいくらで売ったのか？　猫はどうしたのか？　今いくらお金があるのか？」など、疑問に思うことを尋ねたのですが、後見人は回答をはぐらかしました。

その足で家庭裁判所へ行き、後見人が裁判所に提出した業務レポートを見せるよう申請しましたが、裁判所はこれを非開示としました。事件の当事者は身の回りで何が起きたのかを知る権利があるので、当事者が資料を見たいと申請してきた場合、裁判所は原則開示することになっています。しかし、本件では、女将の自分の財産に何が起きているのかを知る権利を突き返したのです。

開示を認めなかった背景には、「誰かが不利になることが予想される場合には、資料を見せなくてよい」という趣旨の法律上のただし書きがあります。開示により不利になるのは後見人です。つまり、裁判所は、被後見人の知る権利より自分が選んだ後見人がとがめられるリスクを回避することを選んだのです。これが、法定後見制度の恐ろしさ、自分の財産がどうなっているのかさえ知ることができないのです。

そうこうしているうちに、後見人は女将をどこかに移してしまいました。常連客は、区内の施設に手紙を出しまくり、返信のなかった施設を訪問し、ついに女将を見つけ出しました。施設は警察を呼びましたが、「会うだけなんだからいいんじゃないの」という雰囲気になり、後見人から会わせるなと言われていた施設長も根負けし、ついに再会となりましたが、女将はやせこけ、老け込み、常連客は再び言葉が出なかったそうです。

女将にはファンともいえる常連客がいたので、後見人がついても、その後の様子を知ることができました。しかし、心強い友人・知人がいない場合、後見人により施設に閉じ込められ、財産を崩され、報酬を取られっぱなしになる可能性があります。亡くなっても友人・知人に連絡されず、葬儀も行われずに火葬場へ直行となるでしょう。

統計によると、成年後見制度の利用者は男性4対女性6程度の比率です。女性の6割強が80歳以上ですから、「成年後見制度は80代の女性問題」といえます（成年後見関係事件の概況、令和5年1月〜12月、最高裁判所事務総局家庭局）。

法定後見制度を使った方の晩年を見ていると、周囲に敬老の精神はなく、高齢者自身も長寿を喜べない、世知辛い世の中になってしまったと痛感します。法定後見の悲劇に陥らないために、読者が取り得る方法は、認知症などにならないこと、元気なうちに誰かと任意後見契約を結ぶこと以外にありません。しかし、頼みの任意後見にも少なからぬ問題が内在しています。

【CASE8】 Gさん

任意後見制度、監督人の非道な申し出

商売上手な司法書士は資料を見せながら任意後見制度や遺言書作成などのサービスの説明をしました
任意後見制度について
遺言書作
サービ
これって母のためになるんですか？
そうです！
お母さまの資産を守りGさんと弟さんにキッチリ遺すための
安心セットと呼んでいます
安心セット！
普通の司法書士だとここまでできないんですよ
はぁ…
私は成年後見制度に詳しい司法書士しか会員になれない公益社団法人成年後見センター・リーガルサポートに所属しています
自治体のセミナー講師もしているのでご安心ください

よくわからないんですけど将来必要になるんですね？
その通りです！
早速、Gさんがお母さまの後見人になれる手続きをしましょう！
結局マンションの登記費用に加え任意後見契約と遺言書作成の費用まで払うことになりました
高額だけど自分が後見人になれるならいいのかな…
任意後見契約20万
遺言書作成費100万
これで安心ですね

7年後
○○銀行
認知症の母の
代わりに定期預金を
解約したいんですけど
申し訳
ありません
お母さまが窓口に
来て解約するか
後見人でないと
できません
!
きたっ後見!
7年前はよく
わからなかったけど
任意後見契約って
このことだったのね
ごはんまだー
食べたでしょー
家裁に行って
後見を始める
手続きをしよう

本格的な手続きのために裁判所へ行くと後日電話がかかってきました
後見人になったあなたの仕事をチェックする監督人（弁護士）に連絡を取ってください
はぁ…
監督人の連絡先をご案内しますね
その後私は弁護士事務所を直接訪れました
○○法律事務所
Gさんですねこちらでお待ちください
弁護士事務所にクルーザーとスポーツカーの写真…？
どーもどーも

監督人になった
弁護士のKで〜す♪
細々したことは部下の
弁護士がやります
ヨロシクー！
ノリが軽すぎ
大丈夫?!
早速ですが
契約内容に
つけ足しがあります
サインしてください
契約書のつけ足し（お約束）
1.10万円以上の買い物は最低三つの事業者から見積もりを取る。どれにするか、そもそもそれをしてよいかを決めるのは監督人
2.Gさんは仕事をしていて収入があるので、契約書にある後見人報酬(月10万円)は不要とする
3.介護費用を含め、支出は年金の範囲で行う。年金の範囲を超える場合、Gさんがその費用を負担する
何これ
私は裁判所の
代わりですから
言うことを
聞かないと後見人を
首になっちゃう
こともあるので
注意してくださいね

ハーッハッハッ
何かおかしい
出された条件も弁護士の様子もおかしいと思い
ネットで調べたり自治体に相談したりしてもらちがあきませんでした
すごく不安なんです…
監督人が勝手に何でも決められるなんておかしいどうにかしないと！
でもどこも相談できるところがないっ

CASE8　任意後見の落とし穴

自分で後見人を決めたい人は任意後見制度を使います。

任意後見制度の利用は2段階で、心あたりの人と、公正証書で任意後見契約を結びます。その後、依頼者の判断能力が下がってきたら、家庭裁判所に申請し、裁判所が後見人の業務を見張る監督人をつけたら本格的にスタートとなります。

このケースでは、司法書士にすすめられ母と娘の間で任意後見契約を結びました。具体的には、司法書士が任意後見契約の原案を20万円で作成し、それを持って母娘が公証役場へ行き、公証人に5万円ほど払って契約が完了しました。公証人の費用は、どこの公証役場でも同じですが、原案作成費用には幅があります。最初から公証人に頼めばこの費用は一切かかりません。司法書士などを通さないと任意後見契約を結べないことはないのでご注意ください。

任意後見監督人の仕事が欲しい弁護士や司法書士は、家庭裁判所に営業登録しています。今回は、弁護士が裁判所から監督人の仕事を受託したようですが、その言動について少なくとも問題が2点あります。

一つは、「細々したことは部下の弁護士がします」と発言している点です。この事案の任意後見登記を見ると、監督人は弁護士法人ではなく弁護士個人です。つまり、部下にさせることなく、自身でその業務をしなければならないからです。

もう一つは、法的に根拠のない、つまり、後見人に義務のないことを、義務があるかのように思わせている点です。「私は裁判所の代わりですから、言うことを聞かないと、後見人を首になっちゃうこともあるので注意してください」と嘘の説明で緊張させ、サインをさせたようですが、そもそも監督人は裁判所の代わりではありません。後見を頼んだ人の代わりに後見人の業務をチェックするのが役目であり、監督人は裁判所にチェックされることになっています。後見人を首にするかどうかは裁判所が決めることであり「(監督人の)言うことを聞かないと首になる」というのも法的に根拠がありません。

監督人が提示した、10万円以上の買い物は最低三つの事業者から見積もりを取るというのはまだしも、2番目の後見人報酬を遠慮しろ、3番目の年金を超える費用は後見人が負担しろ、というのはあり得ない条件です。というのも、2番目の報酬額は、母娘が当初に決めた契約内容なので、後から決まった監督人にとやかく言う権利はないからです。

3番目も同様で、「任意後見制度を使った人は、その生活支出を年金収入の範囲内に収めなければならず、蓄財や資産を使ってはいけない」というルールなどありませんし、財産処分の自由の観点からあるはずもありません。

十分にお金のあるお母さんの費用を娘が負担する義務もありません。ルールも義務もないことを裁判所の名を借りて強要した罪は軽くありませんが、一般の人は、「弁護士資格を持った裁判所が決めた監督人がそう言うなら制度がそういうものなのだろう」と思い込んでしまうのかもしれません。

結果的にGさんは、契約通りの後見人報酬をきちっともらい、お母さんの生活費が年金額を上回っても自腹を切ることなくお母さんの財産から支払いを続けています。しかし、監督人は何の文句も言ってきません。さらに裁判所も何も言ってこず、監督人の要求がハッタリだったことがわかります。

【CASE9】　Hさん
後見制度をやめたい！　やめるまでの地獄の日々

ぱち…
あぁお前か…
そこにいたのか…
声はしたけど
捜しても
いなかったんだよ…
やっと会えた
旦那さまの
今の状態は要介護5
一番重い状態で
いろいろな介助がないと
生活できない状態です
本来なら病院から
施設に移って
もらうのですが
でも施設に
入れたら
会うのが難しく
なりますよね
私は自宅で
介護したいです
んー…

労災がおりても認められるのは月12万円までの支払いですよ
差額分はどうするのですか
頑張って支払います
はぁ…
お父さんの医療費がこんなに大変とは…
お母さんこれだと介護で家族全員が生活できなくなっちゃう
会社への損害賠償で足りない分だけでも請求できないかな…
そうね弁護士と家庭裁判所に行ってみるわ
家庭裁判所
1000万円以上の損害賠償ですか
それでは当事者に成年後見人をつけないと
成年後見人…？それって何ですか

当事者が自分の意思を示せないので代理人を立てないとダメなのでしょう
よくわからないけれど後見人をつければ裁判ができるのですね
すぐつける手続きをします
こうして後見人Sがつき地獄の生活が始まるのであった
お父さんのお金はすべて管理されるの？私たちの生活費は？
財産はすべて後見人が管理する 購入したものはすべてレシートをつけ明細を書いて後見人に請求すること
レシートと一緒に明細を書いてSに請求!?
ブーブーブー
090ー○△○
レシートをくまなくチェックしましたケーキやアイスなどの嗜好品は控えてください
はい

え！
なんで⁇
嗜好品などの
無駄なものを買って
ご主人の資産を
減らさないでください
ご主人の資産を
減らさないのが
私の仕事ですから
寝たきりの主人の
唯一の楽しみは
甘いものを
食べること
なんですよ！
その楽しみを
奪うんですか！
はい
我慢させて
ください
その後も
Sの暴言は
続きました

娘が結婚して妊娠した？なぜ子どもなんて作るんですか！生活するのもかつかつなんだから堕胎させなさい
熊本地震でお墓が損壊した？作り直すのであれば月の生活費から１万円引きますね
初孫にお雛様を買ってあげたい？それでは月の生活費から１万円引きますね
肝心の損害賠償の裁判はまったく進まず
ただただ後見人に生活を縛られる生活になってしまいました
後見人っていったい何のためにあるんでしょう？

CASE9　うちはこれで成年後見制度をやめられました

この件はいわゆる労災後見です。裁判所が、「労災の賠償金が1000万円以上だと当事者に成年後見人をつけないといけない」と言ったそうですが、そのような法律はありません。

労災や交通事故にからんだ裁判のために法定後見を使わなければいけないと思い込んでいる人がいますが、それは違います。裁判の依頼を引き受ける弁護士が、「当事者には裁判を頼む能力がある」とみなせば、当事者と弁護士の訴訟委任契約は成立するからです。裁判になって、相手方が、当事者と弁護士の訴訟委任契約は無効と主張することがありますが、「裁判を弁護士に頼むことはできる」という診断書を取ることで法定後見を使わずに裁判をすることは可能だからです。

そのようなことを知ってか知らずか、本件では、法定後見制度を利用し、見ず知らずの司法書士Sがご主人の後見人になりました。そして、「ケーキダメ、アイスダメ、温泉ダメ」と言われ、「孫をおろせ、地震で崩壊したお墓なんて直さなくていい、孫のお雛様代は生活費から月賦払いにする」とまで言われたそうですから尋常ではありません。

このような人物が、成年後見ビジネスを生業《なりわい》とする司法書士集団である公益社団法人成年後見センター・リーガルサポートの支部長で、自治体が主催する成年後見制度セミナーの講師や成年後見制度委員会の委員をしているのです。ご家族は、リーガルサポートや司法書士を監督する法務局に苦情を入れましたが、「問題なし」と処分は一切ありませんでした。尋常ではない発言に関して問題ないという感覚を持つ人に、自分や家族の成年後見を任せたいと思うでしょうか。

苦情を入れるや、2017年8月、司法書士は逃げるように後見人を辞任し、ある弁護士が後見人となりました。司法書士が後見人であった間は労災裁判が進まなかったようですが、後見人が弁護士になりようやく賠償金が支払われることになりました。

賠償金で介護をしやすいように家を建て替えることになり、Hさんは工務店と打ち合わせをし、設計図と見積もりをもらいました。しかし、その後のやり取りは工務店と後見人だけで行われ、家の細部をつめる打ち合わせもできなかったようです。結果、思っていたより介護しやすい家にならなかったばかりか、見積もりより1000万円以上高い買い物になりました。他人の家と金だと思って、後見人がおざなりに対応していたのかもしれません。

後見人の弁護士は、固定資産税も未払いで役所から差し押さえの通知が来ました。国民健康保険やその他の支払いも滞ることが多く、その都度、Hさんが延滞金を上乗せして払いに行かなければならなかったようです。新しい後見人の仕事ぶりにいら立つようになり、後見人の交替以降しばらくぶりにHさんから後見の杜へご連絡をいただきました。

Hさんの所へ出向き、ご主人とお会いしたところ、「滑舌はよくないが、こちらが言っていることは理解している」ことに気づき、「後見開始の審判の取り消し」に乗せることができると判断、主治医から診断書（成年後見制度用）を取るよう助言しました。

主治医から「後見相当ほど悪くない」という診断書を得たHさんは、2023年6月、家庭裁判所に後見取消を申し立てました。通常だと、裁判所の調査官がご主人に面接したり、能力を精査する鑑定を行ったりするのですが、その後4ヵ月間、裁判所から何の連絡もありませんでした。

Hさんが裁判所に進捗《しんちょく》確認を照会したところ、指定医の鑑定を受けるように言われ、10万円の費用を納め、病院へ出向き、「後見相当ほど悪くない」という結果が出ました。しかし、また裁判所から何の連絡もないまま年が明け、結果を待ちわびている2024年2月、ご主人が危篤状態になってしまったのです。

Hさんは「生きている間に後見制度から解放してあげたい」と一念発起し、「取り消しの結果を待つ間に主人が亡くなったら裁判官を訴える！　うちの事例は地元のテレビで放送され、YouTubeで200万回以上再生されている！　今度は裁判所の体たらくを放送してもらう！」と伝えたところ、たちまち取り消しの決定が送られてきたそうです。

取り消しの決定は調査官による面接調査を経てからのはずです。調査をしようと思ったらご主人は危篤状態、つまり、何もわからない状況なのだから後見を取り消すのは理屈に合いません。しかし、裁判所は、調査をせず取り消しを決定しました。Hさんの苦情に押されたのかもしれませんが、裁判官の自己保身で後見の開始や取り消しの決定が下されているようで釈然としません。

その後、ご主人は奇跡的に回復、現在は、家族で家計を切り盛りできるようになり、ストレスのない普通の生活に戻れたようで何よりです。制度から離脱できたご夫婦は、「後見制度は何のためにあるのか？　うちには何のメリットもなかった。ここまで庶民を苦しめるなら白紙に戻した方がいい」とおっしゃっています。

●後見の杜、一番人気の後見の取り消しについて

法定後見を使った人から後見の杜への相談の中で一番人気があるのは「後見の取り消し」です。

法定後見をやめたいからではなく、事例のように回復を理由に法定後見が必要なしとなれば、家庭裁判所は本人、家族、後見人、監督人からの申し立てを受け、後見・保佐・補助を取り消さなければならないという法律があり、手続きが用意されています。

しかし、「一度始まったら本人が亡くなるまで制度から離れられない」と言う人は少なくありません。裁判所、自治体、弁護士や司法書士なども、取り消し制度があるという制度上の事実を利用者に伝えません。全国主要50の家庭裁判所の成年後見制度に関するサイトを見ても、始めるための解説や資料はあるのに、取り消すための掲載は皆無に等しい状況

です。「使うだけ使わせて逃がさない」という後見業界の姿勢が見て取れます。

取り消しのポイントは医師の診断書です。ここで、後見を始めるための診断書は書くが、後見を終わらせるための診断書は書いたことがないから書けないとか、裁判所から言われないと書かないという医師は少なくありません。しかし、これは間違いです。取り消しは、医師から「後見ほど悪くないという診断が出たから取り消してください」という手続きになっており、取り消しのための診断書を書くよう裁判所から連絡が来ることはないからです。

また、「まだ病気が治っていないから（治る病気ではないから）後見のまま」「いずれ後見になるから最初から後見にしておく」「ほかの医師が後見と評価しているから自分も後見と評価する」「自治体から頼まれたから後見と評価する」という医師もいます。しかし、これらも妥当ではありません。医師なのに、どうしてこのような弱腰になるのか。それは、被後見人に対して、お金に関する理解や行為をチェックする手法が確立されていないからです。能力程度の区分が明確になっていないことも医師を惑わす要因になっています。

そもそも、後見が適用されるのは、「お金に関することはまったくわからない状態」の人です。つまり、千円札と一万円札の違いがわからず、スーパーやコンビニで買い物もできない人に対してです。しかし、お金の区別や買い物ができるのに後見と評価されている人は少なくありません。これは、診断書では誤診、審判では誤審判と言わざるを得ませんから、今後は後見不要として後見開始の審判の取り消しの手続きを取るとよいでしょう。「そもそも後見相当ではなかった」ということで過去にさかのぼって後見無効の裁判を起こすことも考えられます。法律上も、後見の状態ではないことを知ったら裁判所は後見を取り消さなければならないことになっています。このことは、保佐でも補助でも同様です。とかく開始ばかりに目が行きますが、当初から取り消しも制度上設置されており、入り口があれば出口があるバランスのよい運用が望まれます。ちなみに保佐と補助は、程度の差こそあれ、できることもあるしできないこともある、わかることもあるしわからないこともある、という状態の人に適用される点で近似しています。つまり、保佐と補助の違いは不明瞭です。このこともあり、私は、お金に関することは全くわからない、自分で使うこともできない後見と、できることやわかることが一つ以上ある保佐・補助に大別して個別のケースに臨んでいます。

第3章

「成年後見制度を使わなければいけない」は嘘

1. 認知症の人の96パーセントは成年後見制度を使っていない現実

「認知症になったら成年後見制度を使わないといけない」と思っている人がいます。また、そのようにアドバイスする人もいますが、これは間違いです。

現在認知症の人は約500万人いると言われており、それであれば制度の利用者は500万人いるはずです。しかし、制度を使っている認知症の人は実際には約18万人に過ぎません。認知症と同じく成年後見制度の対象者となり得る知的障害・精神障害を持つ人は約600万人ですが、制度を使っている人は7万人程度に留まっています。

言い換えると、認知症で成年後見制度を使っていない人が482万人、知的障害・精神障害で制度を使っていない人が593万人、合計で1075万人もいるわけです。率で示すと、認知症の人の96・4パーセント、知的障害・精神障害の人の98・8パーセントが使っていない現実があります（表3）。

このことから、「認知症になったら成年後見制度を使わないといけない」というのは誤解

表3. ほとんどの人が成年後見制度を使っていない実情
(厚生労働省の資料をもとに筆者作成)

対象	人数	成年後見制度の利用状況			
		使っている	使っていない	利用率	未利用率
認知症高齢者	500万人	18万人	482万人	3.6%	96.4%
知的·精神障害者	600万人	7万人	593万人	1.2%	98.8%

で、「認知症になったら成年後見制度を使おうと思えば使える（制度の対象になり得る）」というのが正しいことがわかります。誤解を払拭し、悪しき誘導をしないよう、また、言われるがままに成年後見制度を使う手続きを取らないようご注意ください。

2. 成年後見制度を使ってしまった人と使っていない人の差は何か？

成年後見制度を使ってしまった人と使っていない人の差は何でしょう？

「障害（症状）の程度」と言う人がいます。しかし、法定後見には、障害（症状）の程度に応じて重い後見、中くらいの保佐、軽い補助と3段階あり、補助制度を使っている人もいます。逆に、程度が重くても後見制度を使っていない人もいますので、障害（症状）の程度は制度を使う決定打になりません。

「家族の有無」と言う人もいます。確かに、「ご家族がいれば成年後見制度は要りませんよ」と言う病院や施設は多いです。一昔前までは地方の銀行や信用金庫も同じような態度で接していました。

この実態から、**認知症があっても、家族がいれば、成年後見制度を使わなくても何とかなることになります。**

ただ、家族がいても、老親のお金のことで子どもたちがもめている場合、銀行はもちろん、施設なども「成年後見制度を使ってください」と言ってきます。子どもたちのうちの誰かに従ったことで、別の子どもに文句を言われるのが面倒だからです。

家族がいて、老親のお金のことでもめていないのに、成年後見制度を使わなければならないこともあります。それは、取引先が「成年後見制度を使わないと対応しない」と断言してくる場合です。

父親が亡くなり相続が発生したとします。その際、母親が認知症の場合、子どもが「成年後見制度を使っていただかないとお父さんのお金をお渡しすることはできません」と銀行に言われることはしばしばです。そう言われると、相続人は、好むと好まざるとにかかわらず成年後見制度を使うことになるでしょう。

もらうべきものをもらうのに一手間かかるわけですが、成年後見制度は、自発的に使うものではなく、銀行などの「**取引先の要請でやむなく使わされるもの**」という認識を持つことが肝要です。

きっかけは何にせよ、成年後見制度を使ってしまった人と使っていない人の差は、制度を使う手続きを裁判所にしたかしていないかに尽きます。

手続きをしなければ後見人がつくことはありません。「よかれと思って手続きをした人」は「なんてことをしてしまったのか」と後悔し、「言われるがままに手続きをしてしまった人」は「あの人にだまされた」と憤り、「自治体やほかの親族に手続きをされてしまった人」は申請した人を恨んでいます。いずれにせよ後の祭りで、「成年後見制度が何たるかを知らなかった自分の無知」を猛省しています。

3．成年後見制度の利用の促進に関する法律の本当の狙い

多くの国民に成年後見制度を使ってもらおうという法律ができました。２０１６年（平成28年）にスタートした「成年後見制度の利用の促進に関する法律」、通称「**利用促進法**」です。

当時、私は大学教員をしていたこともあり法案ができる経緯を調査していました。衆議院の法制局が作ったたたき台をいただいたとき、「このままではまずい」と考え、永田町の議員会館で意見する機会を得ました。法案のたたき台の骨子が、「政府は成年後見制度に予算をつけろ。その予算の使い道は後見をしている弁護士、司法書士、社会福祉士で決める」というものだったからです。

危惧したのは私だけではありません。法務省の高官として、2000年にスタートした成年後見制度の立法担当者だった小池信行氏も同じ気持ちで一緒に議員会館に行ってくれました。成年後見制度があらぬ方向に突き進み続ける実態を踏まえ、「こんなはずではなかった」「後見される人のことを考えていない」「家族がないがしろにされている」「禁治産制度の方がまだよかった」と自責の念を込めておっしゃっていた顔を忘れられません。

この利用促進法は、政府による立法ではありません。成年後見制度を生業とする弁護士や司法書士が国会議員にお願いして作ってもらった議員立法です。

法の狙いは、制度を使いたいという家族からの申請が低下する中、利用件数を補填かつ増やすため、「自治体による後見申請の件数を増やすこと」にほかなりません。

実際、この法律ができてから自治体による後見申請は増加の一途をたどっています。それに連動し、後見される本人による後見申請件数も増えました。自分が認知症になって銀行取引などがままならないことを認識し、成年後見制度を使おうと考え、裁判所から資料を取り寄せ、必要事項を記載し、裁判所に郵送したり持参したりと一通りの手続きをされるようです。ただ、そこまでしっかりしているなら成年後見制度など不要でしょう。また、もし制度を使うのであれば、自分で後見人を決める任意後見を使うべきです。**裁判所がすべてを取り仕切る法定後見を使うのは絶対やめてください。**

法定後見申請をした本人やその親族に会って話を聞くと、「自治体に言われてここに名前を書いただけ」というのがほとんどです。

家族による後見申請の件数と、自治体および本人による後見申請の件数の推移をグラフにしたところ、利用促進法がスタートした２０１６年を境に逆転しています。成年後見制度は、家族ではなく自治体や本人が申請するといういびつなものになってしまったのです（**図2**）。

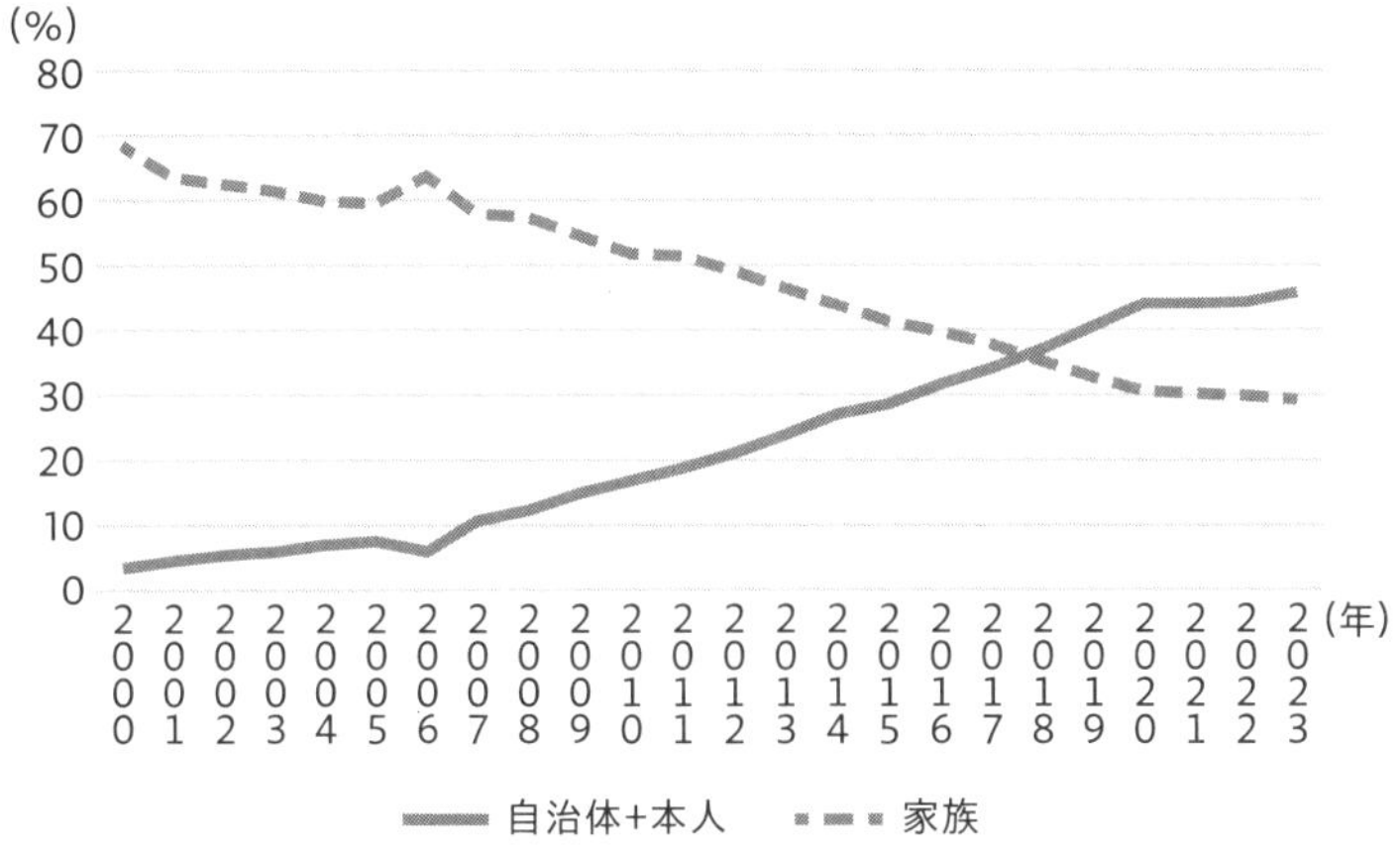

図2.成年後見制度の申請者の割合の推移(%)

4. 法定後見への誘導トライアングル

法定後見の対象者をあぶり出し、裁判所に「この人に後見人をつけてください」と申請する自治体に対し、「大きなお世話！」と抵抗する家族が増えています。自治体は、「本人を保護するためです」と言いますが、自治体が勝手に裁判所に出してしまう後見開始の手続きが戦時中の召集令状のようで、憤る高齢者も少なくありません。

とくに、お金のある人が狙われます。お金のある人だけを対象にするとあからさま過ぎるので、「**お金のない人もやっておこう**」「**お金のない人の後見人候補者は、報酬が取りづらいから、弁護士ではなく社会福祉士や市民後見人（成年後見制度を通じて地域の人のために活動する市民）にしておけばいい**」という運用も見られます。

法定後見のターゲットを抽出し、市区町村長名で裁判所に差し出すためのトライアングル（図3）が各地域で構築され始めています。

トライアングルを構成するのは三つのグループです。自治体の福祉課を頂点に、後見7士業といわれる地元の弁護士・司法書士・社会福祉士・行政書士・精神保健福祉士・税理

図3.法定後見へ導く地域のトライアングル(後見ネットワーク)

士・社会保険労務士、そして、成年後見制度に関する相談を受けつけるという触れ込みの地域包括支援センター・社会福祉協議会・ケアマネジャー（ケアマネ）です。

その三つで、制度の対象となり得る高齢者・障害者とその家族をガチッと包囲し、裁判所に差し出しているのです。

「地域包括支援センターに相談したら自治体の職員が家に来た」「頼んでもいないのにケアマネジャーが司法書士を連れてきた」「情報がもれているのではないか？」というご相談がここ数年増加し続けています。トライアングルにより、どこへ相談に行っても情報はダダもれですから何ら驚くことではありません。

一般的に、地方に行けば行くほど、この法定後見誘導トライアングルが希薄になるか存在しなくなります。制度を必要とする高齢者や障害者が少なくなるからではなく、成年後見制度を生業とする士業の人が減り、自治体に対する要請も減るからです。

都心にいると成年後見制度の申請をされてしまうと、地方へ引っ越した高齢者もいます。

あなたのまちの成年後見制度がどうなっているか調べてみてはいかがでしょう。自治体の福祉課や市区町村議員を通じ、地元の成年後見制度利用促進基本計画、成年後見制度利用促進委員会のメンバーの議論の議事録を見てみてください。誰が、何を言っているかという字面でなく、発言の根底にどのような思惑やお金の流れがあるかを探ろうとしながら読み込むと、全体像が見えてくるはずです。

5．成年後見制度の相談窓口であなたができること

自治体の成年後見制度の相談窓口＝成年後見制度の押し売り窓口とも言えます。つまるところ、**図3のトライアングルを構成するどこにも相談しないのが一番です。**

相談するにしても、「認知症なのですが、法定後見を使わない方法はありませんか？」と聞いてみてください。「わからない」と言ったら知識不足なので、名前も住所も電話番号も言わず帰宅するのがいいでしょう。個人情報を教えてしまうと「その後いかがですか？　ちょっと心配になって」と営業をかけられるからです。

「認知症が中程度なので保佐がいいと思います」「類型（レベル）は補助にして、取消権をつけるのはいかがでしょう？」という発言も実態に対する認識不足の証拠です。保佐や補助を使わずに、もっと簡便な方法で銀行取引、介護契約、悪質商法対策などができるから

です。

「成年後見制度より家族信託の方がいい」と言う人もいます。この方々は法定後見をすすめません。その代わり、信託契約＋αをすすめてくるでしょう。しかし、銀行や施設から、「家族信託を利用してください、そうしないと取り引きできません」と言われることはありません。このことから、家族信託は必須ではなく一つのオプションに過ぎないことがわかります。また、家族信託の契約や運営費用も一般的に高額です。

総じて、特別なことは何もせず、目の前の課題を何とかするのが最善です。一見平凡でつまらないかもしれませんが、本人の能力を活かして普通にするのが、高齢者・障害者とその家族にとって最善の利益になる最良の方法と言えます。

次章から、成年後見制度を使わずに、銀行のお金を下ろす方法、相続を終わらせる方法、不動産を売却する方法を紹介していきます。

第4章

成年後見制度を使わずに、銀行とやり取りする方法

銀行の言う通りに成年後見制度を利用すると、見ず知らずの弁護士や司法書士が老親やあなたの後見人になります。そして、総額数百万円の後見人報酬を支払うことになります。

ここでは、成年後見制度を使わずに、銀行にある老親のお金を下ろす方法を紹介します。

1. 認知症になると銀行との間でどのようなやり取りがあるか？

認知症になると、「通帳・カード・印鑑をなくした問題」が発生します。「暗証番号を忘れた・どれが銀行印かわからなくなった問題」などもあります。

これに対して銀行は、「成年後見制度を使っていただかないと、通帳の再発行はできません、暗証番号の再設定も致しません」と突き放してくるでしょう。

老親の預金を下ろしたい方は少なくありません。理由は介護費・家の増改築費・車の購入費・孫の学費・家族経営の会社の資金繰りなどさまざまです。定期預金を解約して調達しようとする人もいるでしょう。

銀行は、預かっているお金が減ると運転資金が目減りするので「下ろしたい・解約したい」という要請に敏感に反応します。ほかの家族から、「なんで下ろさせたんだ」と文句を言われるのが面倒というのもあります。

そのような銀行へ行き、「認知症になった親の代わりにお金を下ろしに来た・定期預金を解約しに来た」と言おうものなら、「成年後見制度を使っていただかないと下ろすことも解約することもできません！」と強めに言われるでしょう。

2. 銀行の言う通り成年後見制度を使うとどうなるか？

お金が下ろせないばかりか、後見人費用がかさむばかりとなります。

成年後見制度を利用する際、裁判所に提出する資料の一つに「財産目録」があります。老親が、どこに、何を、いくら持っているかを裁判所に知らせるためです。預貯金・現金、株式、保険、不動産、貸しているお金、借りているお金、もらう予定の相続財産まで書かされます。成年後見制度を使うことは老親の財産を丸裸にしてさらけ出すことと同じなのです（**資料1**）。

財　産　目　録

令和 ＿＿＿年＿＿＿月＿＿＿日　作成者氏名＿＿＿＿＿＿＿＿＿＿＿＿印

本人（＿＿＿＿＿＿＿＿＿＿＿＿＿）の財産の内容は以下のとおりです。

※　以下の１から９までの財産の有無等について該当する□にチェックを付し，その内容を記載してください。

※　以下の１から８までの財産に関する資料がある場合には，「資料」欄の□にチェックを付し，当該資料の写しを添付してください。また，財産目録との対応関係がわかるように，資料の写しには対応する番号を右上に付してください。（例：**財**産目録の「**１**預貯金・現金」の「No. **2**」の資料の写しであれば，資料の写しの右上に「**財１－２**」と付記してください。）

※　財産の各記載欄が不足した場合には，この用紙をコピーした上で，「No.」欄の番号を連続するよう付け直してください。

１　預貯金・現金

□　次のとおり　□　当該財産はない　□　不明

※　「口座種別」欄については，普通預貯金や通常貯金等は「普」，定期預貯金や定額貯金等は「定」の□にチェックを付し，その他の種別は下欄の□にチェックを付し，種別の名称を記載してください。

No.	金融機関の名称	支店名	口座種別	口座番号	最終確認日	残高（円）	管理者	資料
1			□普□定 □					□
2			□普□定 □					□
3			□普□定 □					□
4			□普□定 □					□
5			□普□定 □					□
6			□普□定 □					□
7			□普□定 □					□
8			□普□定 □					□
9			□普□定 □					□
10			□普□定 □					□
現金（預貯金以外で所持している金銭）								
合　計								

２　有価証券等（株式，投資信託，国債，社債，外貨預金，手形，小切手など）

□　次のとおり　□　当該財産はない　□　不明

No.	種　類	株式の銘柄，証券会社の名称等	数量，額面金額	評価額（円）	管理者	資料
1						□
2						□
3						□
4						□
5						□
合　計						

資料１．財産目録（家庭裁判所サイトより）

3　生命保険，損害保険等（本人が契約者又は受取人になっているもの）

□　次のとおり　□　当該財産はない　□　不明

No.	保険会社の名称	保険の種類	証書番号	保険金額（受取額）（円）	契約者	受取人	資料
1							□
2							□
3							□
4							□
5							□

4　不動産（土地）

□　次のとおり　□　当該財産はない　□　不明

No.	所　在	地　番	地　目	地積（㎡）	備考（現状，持分等）	資料
1						□
2						□
3						□
4						□
5						□

5　不動産（建物）

□　次のとおり　□　当該財産はない　□　不明

No.	所　在	家屋番号	種　類	床面積（㎡）	備考（現状，持分等）	資料
1						□
2						□
3						□
4						□
5						□

6　債権（貸付金，損害賠償金など）

□　次のとおり　□　当該財産はない　□　不明

No.	債務者名（請求先）	債権の内容	残額（円）	備考	資料
1					□
2					□
3					□
4					□
5					□
合　計					

7　その他（自動車など）
□　次のとおり　□　当該財産はない　□　不明

No.	種類	内容	評価額（円）	備考	資料
1					□
2					□
3					□
4					□
5					□

8　負債
□　次のとおり　□　負債はない　□　不明

No.	債権者名（支払先）	負債の内容	残額（円）	返済月額（円）	資料
1					□
2					□
3					□
4					□
5					□
合　計					

9　遺産分割未了の相続財産（本人が相続人となっている遺産）
□　相続財産がある（相続財産目録を作成して提出してください。）
□　相続財産はない（相続財産目録は作成する必要はありません。）
□　不明　　　　　（相続財産目録は作成する必要はありません。）

財産目録を見て、預貯金残高が５００万円とか１０００万円以上あると、裁判所は、家族がいても、裁判所に営業登録している弁護士や司法書士を老親の後見人にします。その程度の預貯金がある人は結構いますから、家族が後見人になるのは2割、見知らぬ弁護士や司法書士が8割となります。これが現状です。

なぜそうなるのか。それは、後見人に対する支払い能力があるとみなされるからです。後見される人にお金がなければ、弁護士などが選ばれることはなく、裁判所は家族を後見人にします。**お金（後見人報酬）が取れるか取れないかで後見人を決めているのが実情**です。

そうして決まった後見人が銀行とやり取りすることで、通帳が再発行され、暗証番号も再設定されます。しかし、それは、後見人が今後仕事をするために必要な手続きで、通帳やカードが親や家族に戻ってくることはありません。

その後、親自身が後見人に残高を聞いても、「教えない」「教えてもわからないでしょ」「知ってどうするの？」などと言われ続けることがしばしばです。

当初のお金を下ろす目的であった、介護費・家の増改築費・車の購入費・孫の学費・家族経営の会社の資金繰りのうち、実際にお金を使うことができるのは「介護費」だけでしょう。その「介護費」も家族が親の預貯金から下ろせるのではなく、後見人から家族か介護施設の口座に振り込まれます。

「親のお金は親だけに使うもの」という誤解が蔓延《まんえん》し、「親のお金を『親の意向』に沿って使う」という制度本来の趣旨がないがしろにされているからです。

後見人報酬も馬鹿になりません。基本報酬として毎月5万円程度、毎年60万円程度、5年で300万円、10年なら600万円取られるでしょう。

保険金の受け取り、不動産売却、遺産分割などの業務が発生すれば、ボーナスとしてさらに数百万円を裁判所と後見人のタッグに取られてしまいます。後見人の報酬が増えるほど、本人の財産、ひいては家族の遺産は目減りします。

そもそも「成年後見制度を利用しないと取り引きできません」と言ってきたのは銀行ですから、「**後見人報酬は顧客管理コストとして銀行が負担すべき**」では、と私は思います。

3．悪名高き「成年後見制度取次サービス」

「成年後見制度取次サービス」と称して司法書士を斡旋《あっせん》する銀行が増えています。

銀行がすすめるならと信用し、紹介された司法書士事務所へ行ったところ、成年後見制度と関係のない「遺言・家族信託・不動産売却」の営業を受けて嫌な思いをしたという高齢者は少なくありません。

司法書士と話した内容が銀行にもれ伝わり、銀行から営業をかけられビックリしたという高齢者もいます。

銀行の相談ブースで、外部の司法書士が、「成年後見制度を使うと楽ですよ」などと言い、成年後見制度の押し売りをしている様子も散見されます。

A銀行とつながっている後見人が、被後見人が持っているB銀行やC銀行の口座をA銀行に移し替えることもあります。A銀行の営業スタッフのような後見人です。

司法書士は銀行から後見の事案がもらえる、銀行は他行から預金を奪取できる、なるほど司法書士と銀行の利害は一致するので「成年後見制度取次サービス」と称して提携するわけです。

親の銀行が成年後見制度取次サービスを提供しているかどうか確認してみてください。紹介を断っても何の問題もありませんので、必要がないなら**「後見への斡旋不要」ときっぱ**

り断るのが賢明です。

4. 老親の口座をめぐる銀行とのやり取り

成年後見制度を使わずに老親のお金を下ろす具体的な方法を紹介するので試してみてください。

① 銀行にしっかり相談してみる

銀行に「成年後見制度を使ってください」と言われたら、「後見人の費用が数百万円かかるんですよ。銀行が払ってくれるなら考えてもいいけど……」と愚痴ってみましょう。相手はそろばん弾きのプロですから、「確かにもったいないな」と共感し、成年後見制度を使わずに対応してくれるかもしれません。

親御さんと窓口へ行き、「何十年のつき合いでそれはないでしょ」と言うのも有効です。銀行員も人の子、「そうだよなあ」と思って払い戻しに応じてくれることもあります。

「ほかの銀行では後見なしで下ろせたのに、なんでお宅はダメなの？」という比較論も効果的です。**銀行は、絶対的ダメという具体的な理由を持たずに対応していますから、銀行間の横並び意識をくすぐれば、後見なしで対応してくれるかもしれません。**

【エピソード1　80代、男性、独身一人暮らし、軽度認知症、要介護1】

〈家にはモノが散乱、いわゆるゴミ屋敷寸前の状態。そのような家だからか、年のせいか、通帳をなくして生活費が下ろせない。銀行へ行き再発行をお願いしたところ、なんとか引き受けてくれた。翌月またなくしてしまった。キャッシュカードはもともと作っていない。

担当のケアマネに相談し、一緒に銀行へ行ってもらうことになった。

銀行は2回目なので渋い対応。「成年後見制度を使っていただかないと対応できません」と言われてしまった。〉

ケアマネから後見の杜へ相談があり、後日、本人・ケアマネ・遠方に住むお姉さんと一緒に銀行へ行きました。

本人が、「通帳の再発行をお願いします」と言ったところ再発行！　ついでにキャッシュカードも作ってもらいました。

【エピソード2　80代、女性、一人暮らし、軽度認知症】

〈複数の口座を持っているがほとんどの通帳を紛失、近居の娘さんが1冊だけ預かっている。娘さんはその1冊を使い、銀行の窓口で定期的に定額を下ろし、生活費を渡してきた。その都度、「娘が勝手に引き出して使っている」と思われているのではないかと引け目を感じていた。「後見人になれば堂々と手続きできる」と考え、裁判所に出す資料を自分で書いてみた〉

後見の杜への相談は、その申請書類を見てほしいというものでした。

「お母さんの財産が500万円とか1000万円以上あると、娘さんであっても後見人になれる確率は2割の実情ですよ」と言うと、成年後見制度を使わないで何とかならないか、という話になりました。

一緒に銀行へ行き、娘さんが以下の三つを依頼したところすべて順調に解決しました。

・亡父の預金について相続手続きが完了しているかの確認
・母親名義の口座の数と残高照会
・母親名義のキャッシュカードの発行

1週間後にキャッシュカードが母親の自宅へ届き、娘さんは「これからはカードでお金を下ろします」と安堵《あんど》した様子でご連絡をいただきました。

②銀行員と老親を会わせる

銀行員が老親に会いもせず、「成年後見制度を使わないと何もできない」と言うなら本人に会うよう求めてください。**認知症＝無能力＝取り引き不可と決めつけるのは差別や偏見に基づく行為と言わざるを得ないからです。**

銀行員が老親に会ったならば、「お金を下ろしたいですか？」「解約したいですか？」と聞いてもらってください。「はい」と言ったり、うなずけたり、目を動かすなどの意思表示ができれば、成年後見制度を使わなくても払い戻しや解約に応じてくれるでしょう。

銀行に来店した息子さんに促され、支店長と行員が親の入院先の病院へ行き、「解約されますか？」「うん」という10秒に満たないやり取りで、解約に応じた銀行もあります。字が書けない場合、必要書類は息子さんの代筆でOK、なんら難しいことはありません。

③ 後見なしで預金を下ろせる制度を使う

銀行員が聞いても、老親がうんともすんとも反応しない場合もあります。それでも成年後見制度を使う必要はまだありません。「成年後見制度を使わなくても払い戻す運用」を銀行業界をあげて数年前からスタートしているからです（**資料2**）。この銀行協会の資料を見せ、「家族がいれば、成年後見制度を使わなくてもお金を下ろせるんでしょ？」と聞きましょう。成年後見制度なしでお金を下ろせると思います。「100万円までなら大丈夫です」と言われたら、「なんで100万円までなの？」と聞き、「後見なし払い戻し制度」は、預金者やその家族の利便性のためにあり、その趣旨に沿って何に使うかを説明しながら金額を上げるよう交渉するのもいいでしょう。**万が一「できません」と言うなら全国銀行協会にその場で電話し、「協会が出している資料と異なる対応をされている」と相談すればよいでしょう。**

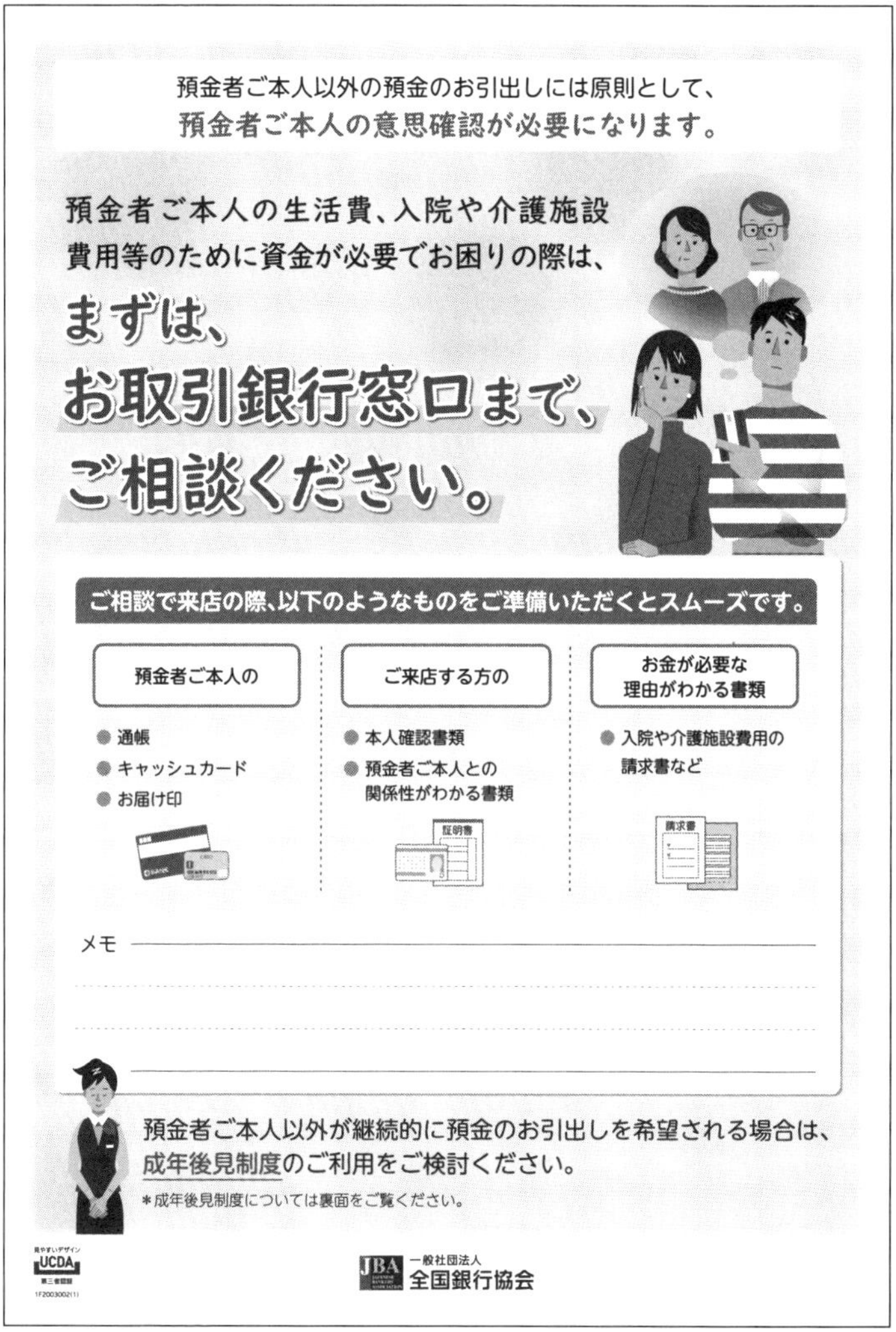

資料２.全国銀行協会の資料

5. 銀行にお金を預け続けないで財産を管理する方法

銀行にお金を預けておくと親の老化とともに預金が下ろしづらくなります。その対策として、銀行に預け続けない方法もあります。

具体的な行動として、元気なうちに、たとえば80歳になったら、親自身に口座を解約してもらいましょう。カードがあって暗証番号がわかれば、親御さんが認知症でも、親と話してお金を下ろしましょう。1日の利用限度額が50万円でも、30回で1500万円下ろせるので地道に継続してください。

下ろしたお金は、自宅で保管する、親名義で作ったインターネット・バンキングの口座に移す、家族名義の口座に移す、などして保管します。こうしておくことで、銀行との面倒なやり取りがなくなります。

自宅で現金を保管するのはなんとなく不安という方もいるでしょう。下ろしたお金を当面使う必要がないなら、保険や株式に替えるのも一案です。

80歳を過ぎても加入できる保険が増えています。お金を保険会社に預け、数年後から毎月の生活費をもらいましょう。保険金の受取人を介護施設に設定できれば施設への支払いも安心です。あらゆる優良株を買い、持ち続け、孫子の代まで配当をもらい続けるのも良策かもしれません。

最後まで自宅で暮らしたい（暮らしてほしい）なら、自宅改修にお金を使ってしまいましょう。断捨離や生活のスリム化の一環として、小さめの家に住み替えるのもいいでしょう。年を取ってからの引っ越しは大変ですから1ヵ月でも若いうちに新生活をスタートするのです。

いずれ渡すことになるので、相続の前倒しとして子や孫にお金をあげ始めるのも一案です。あげた方ももらった方も嬉しくなり、食事や旅行へ一緒に行く機会も増えるでしょう。

介護やお世話をしてくれる子と老親で「お世話契約」を結び謝金を設定するのも有効策です。謝金の額は常識の範囲内とし、月5万〜50万円程度が妥当でしょう。親のために動く、働くことへの対価ですから贈与にはなりません。お世話の中で発生する経費は、謝金とは別に精算するのが一般的です。

老親がしたいことやすべきことをしておけば、後見人を必要とする作業も減っていきます。成年後見制度を使うことになっても現金は残っていませんから、家族が後見人になる確率が上がる効果も期待できます。

6．銀行がよく間違える三つのこと

成年後見人などがついた人の口座の取り扱いに関し、間違った銀行内マニュアルを作成し、窓口で誤作動を起こしている銀行が少なくありません。ここでは、銀行がよく間違える三つの事柄を説明します。

①財産管理人がついた人の口座と成年後見人がついた人の口座の取り扱いは異なる

後見人がつくまでのつなぎ役として、「財産管理人」がつくことがあります。財産管理人の権限は後見人より小さく、財産の保全と、税金や医療費など当然支払うべき費用の支払いに限定されています。

後見人がついた場合と異なり、財産管理人がついた本人の財産処分の自由は剝奪されません。そのため、預金者本人が「お金を下ろしたい」「口座を解約したい」と言えば、銀行は当然本人にお金を返さなければいけません。

しかし、財産管理人がつく＝成年後見人（保佐人、補助人も同様）がつくと勘違いし、顧客対応を間違える銀行は少なくありません。

ある地方銀行の支店長は、「財産管理人がついているので払い戻しに応じることはできません」と言いました。しかし、本店の法務部の職員（弁護士資格あり）が支店に来て私が電話で説明したところ、その場で預金を全額下ろすことができました。

また、大手都市銀行の支店でも同様のやり取りがありました。何を思ったのか、支店長は警察を呼びました。自らの知識不足からを預金者の業務妨害とみなした行為は、警察はもちろん銀行にいたほかのお客さまからも顰蹙《ひんしゅく》を買っていました。支店の人は、銀行内のマニュアルが間違っているとは少しも思わないでしょうが、**成年後見分野においては銀行内のマニュアルが間違っていることが少なくないのです。**

②身上監護後見人の財産管理権

成年後見人が二人いて、弁護士が財産管理業務（預貯金や不動産の管理および処分など）を担当し、家族が身上監護業務（医療や介護の契約や支払い）を担当する場合があります。

この際、「銀行取引は財産管理だから、財産管理後見人からの要請に応じればよい。身上監護後見人には、キャッシュカードは発行しない、お金を下ろさせない、残高さえ教えない」という内規を持つ銀行は少なくありません。

しかし、それは間違いです。**身上監護後見人には、本人の医療・介護・生活に関する費用を保管する権利がある**と考えられるからです。

たとえば、老人ホームの入所にあたり、契約書にサインだけして、「お金のことは財産管理後見人に連絡してください」となれば、老人ホーム側は面倒に思うでしょう。仕方なく財産管理後見人に連絡したところ、「入所は認めない、費用は払わない」となったら入所できなくなってしまいます。

こうなると財産管理後見人に老人ホームの契約代理権はないのに、財布を握っているというだけで、老人ホーム入所の決定権が財産管理後見人に事実上移ってしまいます。契約代理権がない人にどうして決定権が発生するのでしょうか。おかしな話です。

身上監護後見人には、本人が生きるために必要な医療・介護・生活費を管理する権利があるのです。月の費用が40万円だとすると、年間で480万円、5年分として2400万円程度の財産を管理する権利があるわけで、銀行は、身上監護業務を妨害しないよう、身上監護後見人からの払い戻しの請求などに対応するほかないのです。

③取消案件に戸惑う銀行

成年後見制度の利用は二つの場合に終了します。一つは「本人が死亡したとき」、もう一つは「本人が回復したとき」です。しかし、「回復による取り消し」を知らない銀行がほとんどです。取り消しは、「審判即確定」ですから、審判確定証明書を求める必要はないのに、これを不要に求める銀行がほとんどです。

取り消しにより、通帳の名義を本人だけに戻すなどの事務が発生します。その際、「後見人だった人からの届け出がないと事務処理を始めない」という法的根拠のない独自ルールを作成して運用している銀行もあります。なるほど、後見がなくなった預金者が窓口で怒るわけです。

取消審判と同時に後見人・保佐人・補助人だった人の権限はすべて消滅します。したがって、取消審判以降、元後見人などからの払い戻しに応じてはいけないのに、応じているケースも散見されます。権限がない人に預金者のお金を渡しているわけですから当然に問題です。

以上のことが生じた場合、支店長はもちろん、本店の法務部や事務部、場合によっては社長（頭取）に苦情を入れましょう。全国信用金庫協会・全国地方銀行協会・全国銀行協会などの業界団体や金融庁に通報するのも一案です。

しかし、いずれにおいても正しい取り扱いを理解できていないことがしばしばです。そのような場合、組織として瑕疵《かし》があるわけですから、銀行や業界団体を相手に裁判を起こしてみてください。結果はすぐに出るでしょう。多くの銀行が裁判で負ければ、誤解に基づく現在の運用も全国的に改善されるはずです。

第5章

成年後見制度を使わずに相続する方法

成年後見制度を使わずに相続する方法について紹介します。「相続する人が認知症なら成年後見制度を使わなければいけない」という根拠のない固定観念を払拭していただければ幸いです。

1. 相続と成年後見制度の関係

亡くなった人の財産（遺産）を引き継ぐことを相続といいます。

遺産は、預貯金・株式・不動産・そのほか、もらう人たちで分けやすいものと分けにくいものがあります。遺産の分け方は、法律で決まった取り分で分ける方法ともらう人たちで話し合い取り分を決める方法に大別されます。

いずれにせよ、合意した分け方に沿って、もらう人それぞれが遺産を自分の財産にして相続は完了しますが、その流れにおいて遺産をもらう人の判断能力が不十分だと、次のような問題が生じ得ます。

・ほかの相続人に押し切られ、もらえる金額をもらえなくなるかもしれない
・故人の借金など、欲しくないものを押しつけられるかもしれない

・銀行から遺産を下ろす手続きができないかもしれない
・もらった不動産の名義変更がうまくいかないかもしれない
このような、**もらい損や手続きの面倒を防ぐために「成年後見制度を使わないと相続できない」と言われますが、信じてはいけません。**「成年後見制度を使わないと相続できない」と言われながら、制度を使わずに相続ができることは少なからずあるからです。

以下、二つの実例を紹介します。


【Kさん家族の場合（遺言なし）】

あるご家族のご長男から、「サイトを見て連絡しました。実家の方で問題がありまして」というご連絡を後見の杜へいただきました。

事情を聞くと、「母親が認知症、弟が知的障害で、父の相続が進まない」「銀行も自治体も成年後見制度を使えと言うが今の成年後見制度は使いたくない」とのことでした。


【Kさん家族の基礎情報】
・お父さんが亡くなり相続発生

・相続人は母親（80代）と息子2名（いずれも50代）
・遺産総額は3300万円
・遺産の内訳は預貯金2400万円、先祖代々の自宅の建物と土地（実家）900万円相当
・母親は軽度認知症
・次男は中程度の知的障害
・銀行から「お母さまが認知症で、次男さんも知的障害だから、成年後見制度を使わないとお預かりしているお父さまのお金をお渡しできません」と言われた
・自治体も「銀行の言う通り」という見解だった

母親と電話で話したところ、ご主人が亡くなったこと、遺産がいくらあるか、それをどう分けるかについて、ゆっくりですがきちんと話されていました。弟さんとの会話もほぼ成立したので「後見なしでいける」と判断しました。

ついては、お兄さんに、「お母さまと弟さんと一緒に銀行へ出向き、所定の書類を書き、普通に相続の手続きをすればいい」と伝えましたが、「ついてきてほしい」と言うので、翌

週銀行の窓口で集合しました。

ご家族が窓口で手続きするのを後方から見守っていると、弟さんが書類に名前を書くのを見た銀行員が、「へー、書けるんだ」と言ったので歩み寄り、「それは失礼ですよ」とたしなめました。

その後も、何の問題もなく手続きが完了し、お父さまの預金が家族の口座に振り込まれました。「数ヵ月間の戸惑いが吹っ飛びました！」と言うお兄さんを見た母親と弟さんも喜んでいました。

相続に必要な資料を取るため役場にも同行しました。お兄さんが、「成年後見制度なしで相続できましたよ」と言うと、職員は、「えっ！」という表情をしましたが、「それはよかったですね」と続けました。「それで終わりかい！」と突っ込みたくなりましたが控えました。その後、ご家族で、預貯金と不動産をどう分けるかについて話し合い、結果的に、実家はお兄さん、預貯金は家族3名で法律通り、母4分の2、長男4分の1、次男4分の1に分けることになりました（表4）。

表４.Ｋさん家族の相続の結果

	母	長男	次男	合計
預貯金	1200万円	600万円	600万円	2400万円
実家	0円	900万円	0円	900万円
合計	1200万円	1500万円	600万円	3300万円

Ｋさんのケースで、成年後見制度を使っていたらどうなったでしょう？　母親の認知症は軽度ですから補助、弟さんの障害は中度ですから保佐になったでしょう。

母親も次男さんも1000万円以上の預貯金があるので、お兄さんが、「私を、母の補助人、弟の保佐人にしてください」と言っても、裁判所はお兄さんを選ばず、母親の補助人には弁護士を、次男の保佐人には司法書士を選んだでしょう。そして、弁護士、お兄さん、司法書士で、何をどう分けるかも法律で決まった取り分で分け、預貯金の配分は、母親1200万円、長男600万円、次男600万円となったでしょう（これは、Ｋ家族が実際にした分け方と同じです）。

問題は実家の取り扱いです。長男は、「来年退職したら実家に戻り、母と次男の面倒をみよう」「長男の自分が切り盛りするから実家は自分名義にしよう」と思っていました。しかし、成年後見制度を使ったらその思惑はつぶされるでしょう。預貯金同様、実家も法律通りに分けることにされ、900万円の半分である450万円分を母親に、長男と次男は225万円分ずつ不動産を相続することになるからです。実家が欲しければ、「母親分と次男分を長男が現金で買い取れ」という話になったかもしれません。

成年後見制度を使って法律通りに分けた場合、Kさん家族の相続は**表5**のようになります。数字的にはきれいですが、将来を見据えた家族の意向や計画を無視した結果となってしまいます。

成年後見制度を使わなかった現実（**表4**）と、使った場合（**表5**）を比較した**表6**も作成してみました。成年後見制度を使った場合、軽度認知症の母親の相続は450万円増え、長男は675万円減り、中程度の知的障害がある次男は225万円増えています。

これだけの金額の差だけでは済みません。成年後見制度を使うと、弁護士と司法書士には裁判所が決めた「相続ボーナス」として、母親の口座から40万円程度、次男の口座から30万円程度が支払われることになったでしょう。

表5．成年後見制度を使った場合のKさん家族の相続の配分

	母	長男	次男	合計
預貯金	1200万円	600万円	600万円	2400万円
実家	450万円	225万円	225万円	900万円
合計	1650万円	825万円	825万円	3300万円

表6．成年後見制度を使わなかった場合と使った場合の比較

	母	長男	次男
後見なし	1200万円	1500万円	600万円
後見あり	1650万円	825万円	825万円
後見による増減	＋450万円	−675万円	＋225万円

さらに、「後見人の基本報酬」が取られ続けます。母親が亡くなるまでを6年間と仮定すると、月3万円程度×6年間（72ヵ月）＝約216万円取られるでしょう。弟さんが亡くなるまでを20年間と仮定すると、月3万円程度×20年間（240ヵ月）＝約720万円取られるでしょう。

成年後見制度を使うと、相続ボーナスと基本報酬をあわせ、母親の財産から約256万円、弟さんの財産から約750万円、合計1000万円以上取られたと試算できます。この金額に見合う、後見人や保佐人の仕事があるでしょうか。

成年後見制度を使うと、相続は法律で決まった通りに分けることになるので、とくに頭を使わずに誰でもできます。母親の後見人の仕事は介護サービスの利用料を払う程度で、弟さんの保佐人の仕事も施設利用料を払うくらいですから、お兄さんの方が、よく、早く、無料ででき、母親も弟さんも安心ではないでしょうか。

Kさん家族において成年後見制度の利用は高コスト低リターンと言わざるを得ず、1000万円以上の費用に対する効果はないと思います。「今の成年後見制度は使いたくない」と言うお兄さんの気持ちは常識的に理解できます。

【Hさん家族の場合（遺言あり）】

次のようなメールが後見の杜に届きました。

「主人の兄（生涯独身）が亡くなりました。遺言があります。義父は亡くなっており、家族は義母・主人・私・私たちの子の4名です。義母は脳梗塞《こうそく》の後遺症で右半身が麻痺《まひ》して入院中、主人は交通事故による脳挫傷《ざしょう》で寝たきりです。弁護士と税理士は後見人をつけないと何もできないと言いますが成年後見制度には問題が多いようで心が落ち着きません」

電話でさらに事情を伺うと、以下のことがわかりました。

【Hさん家族の基礎情報】

・義兄の相続手続きを後見なしでしたい
・遺産は1億円。内訳は不動産6000万円、預貯金4000万円
・遺言の内容は、「不動産は弟」「預貯金は弟の妻とその子で半分ずつ」
・義母の意思疎通はおよそ可能
・ご主人の意思疎通はかろうじて可能

義兄の遺言に沿って遺産を分割すると、次ページの**表7**のようになります。

表7を見ると義母の取り分は0です。しかし、義兄の親ですから、遺言で対象から外されても、「欲しい」と言えば、法律で決まった取り分の半分（遺留分）をもらうことができます。法律で決まった義母の取り分は100パーセントですから、その半分の50パーセント、金額にして5000万円相当分を請求してもらうことができます。

当のお義母さまにお気持ちを確認したところ、「私はお金があるから何も要らない」とのことでした。確かに、比較的裕福な方で、お子さん2名がご病気ということもあってか、次男のお嫁さん（相談者）とお孫さん（社会人1年目）を頼っている様子が随所に見受けられました。日を置いて改めて確認したのですが、お義母様の「いらない」という気持ちにブレはありませんでした。こうなると遺言に従い、**表7**のように分けるのが筋でしょう。そして実際、相談者が銀行へ行き、義兄の預貯金を下ろすことができました。不動産の名義変更登記も、ご主人に代わって相談者が法務局で行うことができました。税金も、「税務署に相談しながら終わった」とご連絡をいただき、成年後見制度を使わずに、遺言に従い相続手続きが完了したわけです。

表7．Hさん家族の遺言に沿った場合の割り振り

	義母	ご主人	相談者	相談者の子	合計
不動産	0円	6000万円	0円	0円	6000万円
預貯金	0円	0円	2000万円	2000万円	4000万円
合計	0円	6000万円	2000万円	2000万円	1億円

もし、成年後見制度を使っていたらどうなったでしょう？

義母側に弁護士の保佐人がついたでしょう。その弁護士Aは、1億円規模の相続なので寝たきりのご主人にも後見人をつける手続きを取り、弁護士Bがご主人側の後見人になったでしょう。

弁護士A、弁護士B、相談者、子の四者会合になればいいですが、素人と直接話し合うのは面倒なので、弁護士A・Bは裁判所での調停を選ぶでしょう。

弁護士にとって調停は慣れっこですが、裁判所からの調停呼び出しに驚いた相談者と子は、別の弁護士に相談し、相談者に弁護士C、子に弁護士Dがついたでしょう。

こうして、家族に弁護士4名が入り込んできます。そ

して、遺言の内容をもとに弁護士Aは義母の遺留分を請求してきます。

結果、「何も要らない」と言った義母に、預貯金2000万円と不動産3000万円分が入ってきます。6000万円相当の不動産のすべてをもらうはずだったご主人は3000万円相当分だけもらうことになり、2000万円の預貯金をもらうはずだった相談者と子は1000万円ずつに減額されたでしょう（**表8**）。

そのような相続手続きにより、弁護士Aは義母の保佐人として120万円程度の相続ボーナスを、弁護士Bは、ご主人の後見人として80万円程度の相続ボーナスを得ます。弁護士CとDは、着手金と成功報酬で150万円程度ずつ得ます。弁護士への諸費用は合計500万円程度、義兄が残した1億円の5パーセントにも相当します。

弁護士Cと弁護士Dは相続が終わった時点で終了ですが、弁護士Aと弁護士Bには先があります。

弁護士Aは義母の余命を5年間と仮定すると、月5万円×5年間（60ヵ月）＝約300万円を保佐人としての基本報酬として得るでしょう。

弁護士Bはご主人の余命を10年間と仮定すると、月5万円×10年間（120ヵ月）＝約

表8．成年後見制度を使った場合のHさん家族の配分

	義母（弁護士A）	ご主人（弁護士B）	相談者（弁護士C）	子（弁護士D）	合計
不動産	3000万円	3000万円	0円	0円	6000万円
預貯金	2000万円	0円	1000万円	1000万円	4000万円
合計	5000万円	3000万円	1000万円	1000万円	1億円

表9．成年後見制度を使わなかった場合と使った場合の比較

	義母	ご主人	相談者	子
後見なし	0円	6000万円	2000万円	2000万円
後見あり	5000万円	3000万円	1000万円	1000万円
後見による差	＋5000万円	－3000万円	－1000万円	－1000万円

600万円を得るでしょう。さらに、義母が亡くなると相続が発生します。その遺産を3000万円とすると、弁護士Bは、ご主人に代わって遺産を受け取る手続きを取り、1000万円近い「第2の相続ボーナス」を得るのです。

以上、成年後見制度を使ったことで発生したであろう費用は、義兄の相続で500万円＋後見人報酬300万円＋保佐人報酬700万円＝1500万円と試算されます。

成年後見制度を使わなかった場合（現実）と、使った場合（想定）の差を比較しました**（表9）**。成年後見制度を使ったら、義母は5000万円増、ご主人は3000万円減、相談者は1000万円減、子は1000万円減です。亡くなった方の遺志や生きているご家族の気持ちを無視し、法律通りに分けた悪平等による結果と言わざるを得ません。

2．法律通りに分ければよいのか？

「成年後見制度を使うと法律で決まった取り分で分ける」という後見業界の慣習は適切なのでしょうか。相続がらみの後見事例に遭遇するたびに抱く疑問です。

まず、法律で決まった取り分について説明します。

遺言がなければ、遺産の配分は話し合いで決めるか法律で決まった通りにします。話し合いで決まらず、法律で決まった通りに分ける場合、配偶者と子は遺産の半分ずつをもらうことになります。具体的には、配偶者は50パーセントです。子は、一人なら50パーセント、二人なら25パーセントずつ、三人なら16・7パーセントずつとなります。

遺言を書いた人は、誰に何をどれくらいあげるかを決めることができます。しかし、遺言を書いた人の配偶者や子などは、仮に遺言で相続の対象から外されていても最低限はもらえる権利があるという考えがあります。

その考えに基づき、「欲しい」と言えば法律で決まった率（法定比率）の半分をもらえることになっています。配偶者の法定比率は50パーセントですから、最低限もらえる権利を主張することで半分の25パーセント分もらえます。子の法定比率も50パーセントですから、子が、一人なら25パーセント、二人なら12・5パーセントずつ、三人なら8・3パーセント分ずつもらえます。

Kさん家族では、実家を継ぐ長男が先祖代々の不動産のすべてを相続することに家族一同賛成しています。しかし、成年後見制度を使うと、法定比率に従い、高齢の母親と中程度の障害で施設にいる次男に計4分の3の権利を持たせることになるのです。

Hさん家族も同様です。お金があることもあり、「私は要らないから、そのお金で病気がちな息子をよろしく」とお義母さまは言いましたが、成年後見制度を使うと、お義母さまの意に反し、義母が5000万円相当の遺産を引き継ぎ、ご主人家族の取り分が5000万円相当減ってしまいます。

成年後見制度を使った場合の分け方について、故人は天国からどう見ているでしょう?

Kさんのお父さまは、「なんで長男に実家を継がせないのか！」と天国で怒るのではないでしょうか。Hさんの亡兄も、「なんで次男家族に任せないのか。お金を余している母に財産を渡しても仕方ないでしょ！」と歯がゆい思いをされたと思います。亡き人たちの遺志を汲むためにも成年後見制度を使わずに解決したことは喜ばしいことです。

3．法律通りに分けるなら弁護士などが後見人である必要はない

法律で決まった通りに分けるなら、話し合う必要はありません。したがって、成年後見制度を使う必要はないでしょう。

成年後見制度を使ったとしても、法律通りに分けるのだから、家族が後見人になっても何の問題もありません。成年後見業界にはびこる、**「相続がある案件だから家族ではなく弁護士や司法書士が後見人になるのがよい」という考え方や運用に合理性はない**のです。

そのようなことを言う人がいたら、「法律で決まった通りに分けるのだから、成年後見制度は要らないし、家族が後見人になって何か不都合ありますか」と聞いてみてください。

成年後見業界には、「遺産の中に不動産がある場合、不動産分野に強い司法書士がよい」という迷信もあります。司法書士が専門とする名義変更の登記手続きが発生するからというのが主な理由ですが、**不動産の名義変更は家族でもできます。**法務局に出向き、やり方

を教えてもらえば誰でもできる程度の作業で、私でもできました。

司法書士、税理士、弁護士、行政書士は、「成年後見制度を使わないと相続できない」と、なぜ一般人をあざむくかのような発言をするのでしょうか？　その理由は少なくとも三つあります。

一つ目は、自分に生じるリスクを回避したいからです。判断能力が不十分な人から仕事を得ると、「あなたが仕事を依頼させた」「依頼が有効ではない」などの問題になることがあります。それならば、「成年後見制度を使っていただかないと私はこの仕事を引き受けたくない」と素直に言えばよいのに、「あなたが成年後見制度を使わなければならない」と負担を強いてくるのです。

二つ目は、相続の次の仕事を得るためです。「せっかく知り合ったお客さんと一度きりでサヨナラするのはもったいない。相続後に、不動産を売るかもしれない、生命保険金が入ってくるかもしれない、別の相続が発生するかもしれない。後見人としてつき合っていれば、不動産ボーナス、保険金ボーナス、相続ボーナスを得ることができるので成年後見制度をすすめておこう」という思惑があるのです。

三つ目は、後見業界の仕事量を増やすためです。「成年後見制度を使うしかない」と仕向けることで、自分自身が後見人にならなくても、裁判所に営業登録している仲間の誰かに後見人の仕事が発生します。皆で仕事を作り、皆で仕事を取り合う後見業界の実情です。

以上、成年後見制度の実情を見ていると、相続や遺産分割において制度を使うメリットは、被後見人にではなく、後見人に集中的に発生していることがほとんどです。

4.けんかはやめろ、待っているのは法定後見と家族崩壊

相続で争うのは法定後見への近道となってしまいます。ですから、相続では絶対もめないでください。このもめ事に勝者はいません。親が生きている場合、もらうものをもらったら老親のことは後見人に丸投げ、兄弟姉妹が次に会うのはお葬式という事態にしばしば遭遇し、残念な気持ちになります。

親の相続を体験するのはだいたい40~65歳の中年期です。それぞれ大人になり、暮らしを別にして久しい兄弟姉妹のけんかですから、幼いころのけんかと違って仲直りする必要もありません。「兄弟姉妹は他人の始まり」とはよく言ったもので、相続を機に積年の恨み

が露《あらわ》になり、収拾がつかなくなるのです。

何より、相続争い・成年後見制度ストレス・家族崩壊という三重苦を味わうのは、当事者と思っている兄弟姉妹ではなく老親です。「私が生きているからこんなことになるんだ」と、飲食を絶ち他界した老親も私が知る限りでも複数人います。悲しい現実です。

成年後見制度への不満を呈する前に、自問自答すべきことが少なからずあるように思います。**相続をめぐるけんかは、成年後見制度や弁護士などが関与する格好の理由になります。**飛んで火にいる夏の虫にならないよう、自業自得にならないよう、けんかをやめ、欲や復讐心を抑え、淡々と相続事務を遂行されることを願います。

第6章

成年後見制度を使わずに不動産取引ができました！

不動産を売買する際、売主や買主が認知症などでも、不当な値段で取り引きしなければ成年後見制度を使わなくても問題ないでしょう。司法書士の「**成年後見制度を使わないと名義変更ができない**」**という言葉に振り回されないようご注意ください。**

1. 高齢者の不動産をめぐる事情

高齢者の不動産といえばまず、住んでいる家、住んでいた家（今は空き家）があります。家賃収入を得るために貸しているマンションや、商売・趣味のための田畑や山などもあります。

これらの所有不動産に関し、「もういい年だし、持っているだけで税金も維持費もかかる。介護費用などで現金も必要だから手放そうかな」と思う方がいます。自分で思う以外にも、家族から手放すよう促されたり、「売ってほしい」と不動産業者から営業を受けることもあるでしょう。

手放すのとは逆に、「老後の面倒をみてくれる子ども家族と一緒に暮らすための家を買おう」という人や所有権付きの老人ホームを購入する人もいます。

売るにしても買うにしても、仲介の不動産業者やその背後にいる司法書士に、「成年後見制度を使わないと売れません、買えません、名義変更できません」と言われることがしばしばです。建前は、「不動産の売買は高額な取り引きであり、判断能力が不十分なことを理由につけ込まれて損をしてはいけないから守ってあげよう」ということですが、本音は、**「成年後見制度を通じていっちょもうけてやろう」という思惑があるように思えて仕方ない**ことがしばしばです。

後見の杜に寄せられた相談をもとに、不動産と成年後見制度のからくり、考え方、対処策を紹介します。

2. 不動産と司法書士と弁護士後見人にしてやられた震災被害者の母娘

東日本大震災でIさんとお母さまが住んでいた母親名義の実家が倒壊しました。

母親は北関東の老人ホームへ入所し、50代のIさんは知り合い宅に身を寄せることになりました。Iさんは、縫い物のアルバイトをしながら、週1回、母親のお見舞いに行く生活を送っていました。

　数年後、母親が国から自宅の賠償金を受け取りました。そのお金で東京に住む孫家族の近くに二人で住む小さな家を購入しようと、不動産屋を通じて母親名義で契約をし、司法書士が物件の仮登記をしました。

「ようやく一緒に住めるね！」と母娘で楽しみにしていたところ、「名義変更（本登記）をするにあたり成年後見制度が必要と司法書士が言ってきた」と不動産屋から電話がありました。

「だから言ったじゃないですか！」と娘は言いました。母親は認知症のため、不動産取引できるのか当初から不安だった娘さんは、「成年後見制度を使わないで大丈夫なんですか」と何度も尋ねましたが、その都度「大丈夫です」と言われていたそうです。

　そのような背景もあり、「成年後見制度を使わなければならないのであれば、今回の取引きはなかったことにしてほしい」と言うと、「『仮登記を外すにしても成年後見制度を使わないとできない』と司法書士が言っていると」と言ってきたそうです。前にも後ろにも動けない状況に追い込まれたのです。

【解説1】

司法書士の話をまとめると、「仮登記はできたけれども本登記はできない」ということになります。

ところで、仮登記のときにすでに認知症の診断が出ていました。仮登記から本登記までさほど時間が経っておらず、その間に母親の認知機能が急に悪化したという事実もありません。ですから、仮登記ができたなら本登記もできるだろうし、本登記ができないなら仮登記もできなかったはずなのです。

これに気づいて、「本登記ができないなら仮登記はどうしてできたのか」と押し戻すことができていたなら、成年後見制度を使わずに本登記して、一緒に住み始めることができたでしょう。

「本登記の手続きをその司法書士が引き受けてくれないなら、ほかの司法書士を探すか、母が自分で登記します」と言えれば、同じく、一緒に住み始めることができたでしょう。

一般の方は、これに気づかなかったり、またおかしいと思ったりしても、「**不動産登記を専門にする司法書士がそう言うならそうなのだろう**」「**登記は司法書士に頼まなければいけ**

ない」と思い込み、成年後見制度の罠《わな》にはまってしまうのです。

自分のことは自分でする、親のことは家族でする、という基本姿勢を持てば、言われていることのおかしさに気づき、適切に反論できるようになるでしょう。

Iさんは仕方なく、その司法書士に25万円の手数料を払い、お母さんに成年後見人をつける手続きを依頼しました。

数ヵ月後、見ず知らずの弁護士が母親の後見人になりましたが、この時点で予定より半年近く入居が遅れました。Iさんから後見の杜に相談が来たのはこの時点でした。

私は施設へ出向き、母親と話しましたが、娘さんと一緒に東京で暮らせることについてとても喜んでいました。

その後、後見人と一緒に、母親がお世話になった老人ホームの退所手続きの打ち合わせをしました。打ち合わせの中で、翌週、引っ越し先のケアマネジャーさんと在宅介護サービスの打ち合わせをする段取りになっていましたが、翌日、後見人弁護士から、「東京に引っ越すとお金がかかる。今の施設の方が安いから東京行きは認められない」「裁判所も東京に行く必要はないと言っている」という連絡が来ました。

Ｉさんは、「おかしすぎる」と思い弁護士事務所へ電話をするのですが、外出中と言われるばかりで、メールを送っても返信がありません。「こうなったら弁護士を後見人にした裁判所に行くしかない」と考え、家庭裁判所の後見係を訪ね、事情を話し、弁護士後見人からのメールを見せると、「裁判所ではそんなことは言っておりません。言う権限もありません」と言われました。

【解説2】

裁判所の後見係の対応は合っています。裁判所が、個別の事案の中身について具体的に指示することはできないからです。そんなことをしたら、裁判所が後見人で、弁護士後見人は単なる手足になってしまうでしょう。裁判所は後見人の業務をチェックする立場ですから、いちいち指示をするのはおかしな話です。

誰を後見人にするかを決めたのは裁判所ですが、何をどうするかは個々の後見人の判断です。しかし、**「裁判所もそう言っている」「自分はいいのだけれども裁判所がそう言っているから仕方ない」と、一般の人に嘘をつく後見人も少なくありません。**そのように言えば、黙って自分の言うことを聞くだろうという姑息《こそく》な思惑があるのでしょう。

後見人が裁判所の言動をちらつかせてきた場合、なるべくメールで連絡を取るようにして、そのやり取りをプリントアウトし、裁判所に持って行くのが良策です。「メールはしない」と言ってきたら、「先日おっしゃったことを文書で送ってください」と伝えれば、証拠を残したくない後見人は、このケースで言えば、「東京へ行ってもいいことになりました」などと、理由を明記せずそれまでの態度を翻《ひるがえ》してくることもしばしばです。

「裁判所は関係なかった」ことを確認したIさんは、その足で弁護士事務所へ行きました。インターホンを鳴らし、ドアを開けるなり、Iさんを見た弁護士後見人は顔を引きつらせ、「警察に電話して！」と事務員に指示しました。おかげで、弁護士事務所があるマンションの下の道路に、パトカー4台、警察官10名、刑事約4名が来る大騒ぎになりました。

駆けつけた警察官から「どうしましたか？」と聞かれたIさんは、「ここの弁護士さんが母の後見人になっています。東京に引っ越して母と一緒に住む話をしていたのに、急にダメだと言い出したんです」「裁判所に聞いたら別にダメではないと言うんです。母は高齢で時間がないんです。おまわりさん、何とかしてください！」と悲痛な声で応えました。

警察官は、「ホントにそれだけなの？　なんでダメなの？」と聞き返すも、「本当にそれだけです、なんでダメかおまわりさんが聞いてみてください！」とIさんは訴えました。

警察立ち合いのもとIさんと話した弁護士後見人は、東京への引っ越しを認めると言いました。しかし、その後の後見人による手続きが遅く、母親は危篤状態に陥り、結果的に新居の前を救急車で通り過ぎただけで、自分の家に入ることなく他界しました。

Iさんは、このことを思い出すたびに今でも心臓がバクバクして呼吸が苦しくなるそうで、「**後見人後遺症**」と言わざるを得ません。

【解説3】

そもそも、どこに住むかは、どのような状況になろうがお母さん自身のみが決められる高尚な意思決定の対象です。つまり、ここに住めという権利は後見人にはないのです。母親に「施設に住めばいい」「東京に引っ越すことを認める」と言える立場にないのに、その立場や権限があるかのように振る舞ったことも問題です。

一般の人は、裁判所が決めた弁護士資格のある後見人がそう言うのだから、そういうも

のなのだろうと思い込むことがしばしばです。とくに調べることもなく、何もしないままになっているのです。

成年後見制度の相談を受けつける社会福祉協議会などに助けを求めても、「後見人さんとよく話し合ってください」という程度のアドバイスしかもらえないことがほとんどのようですが、話し合いができないから困っている人に話し合えと言うのは的を射ていません。

「後見人後遺症」という病名はありませんが、この弁護士後見人の言動による過度なストレスは明らかに人災で、このような病名があってもいいと思います。

同居を邪魔し続けながら後見人報酬を取っていたのですからいったいどういう神経をしているのか。この弁護士は、地元弁護士会の副会長をしていたので懲戒請求を出しても、もみ消されるだけで効果は期待できないでしょう。

裁判所に後見人の営業登録をしている弁護士の中には、このような人間がいるという現実を認識し、成年後見制度を使わない方法を模索して実行するしか私たちにできることはないのです。

3．成年後見制度を使わずに自宅を売却できたご家族の話

父親が施設に入り、母親が実家で一人暮らしになりました。

長女家族は母親を自宅に引き取り、父親も自宅のそばの施設に移すことを考え、両親もその方向で納得しました。

そこで「実家を売りに出そう」となり、不動産屋に相談したところ、「『所有者であるお父さんが認知症だから後見人をつけないと売買できない』と司法書士の先生が言っている」と言われました。

このことを、父親のケアマネに相談したところ、後見の杜を紹介されたそうです。

早速、母親と長女家族、父親に会い、自宅を売ることについて確認が取れたので、「後見なしでいける」と判断しました。その後、司法書士3名がお父さんに会いに来ました。

一人目は、「お父さまが認知症なのでお引き受けできません」ということで帰りました。

二人目は、「お父さまは大丈夫ですが、ご家族のうちの妹さんが自宅の売却を嫌がってい

るようなので、後の面倒を避けたいのでお引き受けできません」として帰りました。

三人目の司法書士は、「問題ありません、お引き受けします」ということで話が進み、成年後見制度を使わずに売却が完了し、家族で新しい生活がスタートしたのです。

「『所有者であるお父さんが認知症だから後見人を使わないと売買できない』と司法書士の先生が言っている」という不動産屋の当初の発言は何だったのでしょうか。


【解説】


3名の司法書士の対応が異なります。このことは、法律で一様に決まっているわけではなく、「認知症の人から登記の依頼を受けることで生じるリスクを回避したいがために成年後見制度を使え」という司法書士がいることを如実に表しています。

司法書士の中でも、「リーガルサポート」という後見団体に所属している司法書士は、後見を使えとしばしば押してきます。

不動産屋に、「貴社が提携している司法書士はリーガルサポートに入っていますか?」と聞いてみてください。入っているなら、成年後見制度をすすめてくるでしょうから、別の不動産屋に頼むか、ほかの司法書士にお願いするよう不動産屋に求めるのも一案です。

不動産取引の当事者（主役）は売る人と買う人です。その間に不動産屋が入り、取り引きが成立するのが通常のところ、**名義変更をするだけの司法書士が、取り引きそのものの是非に関与してくること自体おかしいのです。**

このケースで成年後見制度を使っていたら、どうなったでしょう？

「お父さんに後見人をつける手続きを引き受けます」と、司法書士が言い出すでしょう。手続きは家族がするのが基本ですが、それを知らない場合、「お願いします」となって母親か娘さんが司法書士に15万〜30万円ほど払うことになったでしょう。

司法書士は、自分を後見人の候補者にするでしょう。自分の仲間を候補者にすることもあります。裁判所と司法書士はつながっていますから、そのいずれかが後見人になったでしょう。

後見人がつき、父親の代わりに家を売る手続きに入ります。具体的には、裁判所に、「この値段で、この人に、本人の家を売っていいか」という許可を求めます。**自宅という不動産だけは後見人といえども裁判所の事前許可なく売ったり貸したり修繕したりしてはいけ**

ないことになっているからです。

申請を受けた裁判所は、99パーセント程度の確率で許可を出します。許可が出ないのは、本人が家を売りたくないと言っている、売らなくても生活資金が十分にある、物件を相場より格安で売ろうとする、場合などです。

裁判所からの許可を得て売買が成立します。売買により所有者が変わるので名義変更の登記をします。司法書士なのだから名義変更は後見人がすればよいのに、その仕事を仲間の司法書士に振るパターンが増えています。**そのことで仲間ももうかる**からです。

一連の流れにかかる費用を考えてみます。

後見人は実質、「売っていいですか？」と裁判所に尋ねただけで100万円程度のボーナスを得るでしょう。

家の売却代金として何千万円というお金がお父さんの口座に入ってきます。後見人の基本報酬は預貯金額に比例するので、お父さんの余命を6年間と仮定すると、月5万円×6年間（72ヵ月）＝360万円の基本報酬を得たでしょう。100万円＋360万円＝460万円の報酬になります。

6年の間に母親が認知症になったとします。すると司法書士後見人は、「私をお母さんの後見人にもしてください」と言い、手続きを取るでしょう。そして、後見人になれば、お母さんの余命を6年間と仮定すると、母親の財産は父親より少ないと想定し、月3万円×6年間（72ヵ月）＝216万円の基本報酬を取られることになります。

父親が亡くなり相続が発生すると、母親の代理人として遺産を預かります。その相続手続きボーナスとして100万円程度得たでしょう。父親の遺産により母親の預貯金が増えるので、基本報酬は月4万〜5万円程度と増え、6年間で216万円ではなく300万円程度になったでしょう。つまり、母親の後見人として、300万円＋100万円＝400万円程度得ます。

以上、この司法書士は、両親の後見人として、460万円（父親）＋400万円（母親）＝860万円程度を約9年の間に両親の口座から得たでしょう。これが、不動産取引をきっかけとする成年後見ビジネスの実態です。なるほど、「後見を使え」と言ってくるわけです。

4．自治体と弁護士にしてやられた90代女性

90代のFさん姉妹は、生まれてこの方、東京都目黒区に住んできました。土地も建物も借りものですが、そこで生まれ育ち、二人で力を合わせて生活してきました。

ある日、マンションを建てるから立ち退《の》いてくれと開発業者から言われました。立ち退きたくないFさんは目黒区に相談し、ある弁護士を紹介されました。

弁護士事務所に行くと、「賠償金をもらって立ち退くなら弁護を引き受ける」と言われ、それは自分の本望ではないため、依頼をしませんでした。

その後も、開発業者は執拗《しつよう》に立ち退きを要求してきます。Fさんは改めて弁護士に相談し、相手とのやり取りをとりあえず引き受けてもらうことにしました。

結論から言うと、数ヵ月後賠償金をもらって、Fさん姉妹は1世紀近く住んだ家を手放すことになってしまいました。半年前に300万円かけて張り替えた屋根も無駄となりました。

弁護士は、もらった賠償金でマンションを買おうと斡旋《あっせん》してきました。築50年、40平方

メートル、10年間の借地権付きの物件で、価格は3150万円でした。弁護士からのファックスを見ると、「早くしないと売れてしまう」とFさんを急かすような内容です。調べたところ、その弁護士はその物件を扱っている不動産屋の顧問であることが判明しました。自分の関係会社をもうけさせるための斡旋だったのです。

その弁護士に促され、Fさんはお金を払い、弁護士と任意後見契約も結びました。亡くなったら遺産を目黒区に遺贈するという公正証書遺言も作成しました。生きている間は弁護士がもうけ、亡くなったら目黒区が利益を得る仕組みにまんまとのせられたとも言えるでしょう。

おかしいと思い続けていたFさんは知り合いに相談し、公証役場へ行き弁護士に促されて作った任意後見契約の解除と遺言の撤回を行い、弁護士と縁を切りました。90歳を過ぎたFさん姉妹の強さや自立心を垣間見る行動として素晴らしいと感じました。

弁護士と縁を切ったFさんは、かねて懇意にしている50代の市民後見人と、銀行へ同行するなどのお世話契約、認知症になってからの任意後見契約、亡くなったときの死後事務委任契約を結び、マンションでの生活を楽しもうと工夫しています。

しかし、昔気質《むかしかたぎ》なのか、やはり一軒家がほしいらしく、渋々買わされた中古のマンションを売り、一軒家に引っ越すか考えています。

Ｆさんの支援をしている市民後見人によると、「『春はお庭にいろいろな花が咲いてよかったのよ』と、今でも前の家のことをお話しになります。目黒区なんてこりごり、遠くでいいから一軒家がほしいと言っていますが、現実問題として高齢者こそ都心のほうが便利だと思っています。スーパーも病院も近くにあるし交通網も発達していますから。施設に入るなら都心から離れて空気のよいところもいいですが、区内の施設にいるお姉さん（98歳）はご存命で、Ｆさんを支援するのが区内に住む私という状況だと、都心から離れるのはちょっと厳しいかなと思います」とのことでした。

高齢者に安住の地はあるのか？　と思わざるを得ない事例です。

〈コラム〉

司法書士は取り引きに関する能力を見極める立場にない

司法書士に、「不動産を売りたい」「買いたい」という老親の発言が、本当かどうかを見極める能力はありません。

「能力を見極めるのは医師」と言う人もいますが、これも違います。医師は、「能力があると思う」「ないと思う」と意見をするだけだからです。

では、誰が不動産売買に必要とされる能力があるかないか、ひいては、その取り引きが有効か無効かを決めるのでしょうか。

答えは裁判官です。「表向きは売りたいと言っているが、医師の診断書を踏まえると、その発言は本当ではないから取り引きは無効ですよね?」という裁判を起こし、その事件の担当裁判官が、能力があるから有効、能力がないから無効と決めるのです。

つまり、能力の有無を決める判断基準を持たない司法書士は「認知症だから成年後見制度を使わないと不動産取引ができない」と見極める立場にないのです。

しかし、不動産屋によっては、「売主であるお父さまの認知能力を、うちが関係する司法書士が確かめたいと言っています。お父さまの施設に行く費用を負担してもらえますか」などと言ってくることがあります。

そのようなことを言われたら「司法書士に父の能力があるとかないとかわかるのですか?」と聞き返してみてください。「そういうことであれば、ほかの不動産屋に依頼するので結構です」と断るのもいいでしょう。その不動産屋に頼むと、法定後見の世界に引きずり込まれ、無駄な費用とストレスがかかることになってしまうのでしょうから。

第7章

任意後見を結んで自分の財産は自分で守る！

～後見の杜以外では教えない任意後見7つの重要ポイント～

成年後見制度を使わずに当面の取り引きをしのげても、今後も同様に上手くいくとは限りません。老親の判断能力は、月日とともに鈍くなることはあってもよくなることは期待できないからです。

そこで、**成年後見制度のうち、家庭裁判所が決める法定後見ではなく自分で準備しておく任意後見への着手をおすすめします。**

任意後見契約を結んでおけば、認知症などになっても、見ず知らずの人に財布を持っていかれることがなくなります。「任意後見を通じて後見人が決まっているなら、裁判所が後見人をあてがう法定後見は控えるべし」という原則があるからです。任意後見は、誰に、何を、いくらでしてもらうかを自分で決めておくので内容について納得感もあります。契約内容をつめるにあたり、老親の将来をお金をベースに展望するので財産の棚卸しもできるし、老親の本音を聞き出す好機にもなるでしょう。

このような特徴を持つ任意後見ですが、**用意周到に契約書を作成しないとかえって面倒になることがあります。**以下、任意後見契約を結ぶ際の重要ポイントを示しますので参考にしてください。

1. 誰に頼む？

認知症などになったら、あなたは、誰にお金の出し入れを頼みたいですか？　誰に、老人ホームを選んでもらい、契約と支払いを代理・代行してほしいですか？

この「誰」が具体的に決まらないと任意後見は利用できません。任意後見は頼む人と頼まれる人の契約だからです。

契約といっても口約束や自分たちで書面を交わしただけでは世の中には通用しません。契約内容を公正証書にして初めて「任意後見契約を結んだ」と言えるからです。

任意後見制度は２０００年に新設されました。２０００年から２０２２年の23年間の契約総数は18万４８８４件、直近の統計で２０２２年は１万４７３０件でした（登記統計）。

近年は、年間１万５０００件ほどの任意後見契約を結んだペアが誕生していることになりますが、諸外国にある同様の制度の利用状況に比べてとても少ないです。任意後見制度を知らないか、知っていても先延ばしにするのが主な理由でしょう。

自分の意思に任せて、つまり任意で後見を頼んだ人のほとんどが78歳から88歳の間で、ピークは83歳です。任意後見は、人生の終盤を象徴する契約といえます。

頼まれた人の約8割は家族・友人・知人です。

家族の場合、夫婦より親子で契約を結ぶことが多いです。夫婦だと同じような年齢ですから継続性や将来性がないのでしょう。

子どもに頼む場合、ひとりなら問題ありませんが、2名以上いる場合、どちらかだけに頼むとけんかになるのでは？　と危惧される親御さんもいます。そのような場合は家族会議を開いてください。話し合うことで、自然とひとりに絞られることも少なくないからです。

候補者が2名以上になった場合、制度上用意されている三つのパターンから一つを選ぶことになります。あなたの家族ではどれが適しているでしょうか？

・役割分担型：お金や不動産のことは長男、介護や医療の契約と支払いは長女という具合に、役割を分担する
・それぞれ型：長男は長男で、長女は長女で、後見人の仕事を担う
・合意形成型：子どもたちでやることを合意できた場合に限り、その業務を一緒にできる

家族がいない場合、友人や知人に頼むことが多いです。

教え子が学生時代の恩師の後見を引き受けたケースがあります。会社員時代にお世話になった先輩の後見を引き受けた方もいます。中学生時代の友達の後見を引き受けた同級生による任意後見契約もあります。

おつき合いしている（していた）方と任意後見契約を結んだ方もいます。公証役場での契約時、「なんだか籍を入れたみたいだね」と照れた感じの男性83歳&女性77歳の任意後見契約のペアもいます。「別れた妻に任意後見を頼んだところ快諾された。久しぶりに会えて嬉しい！」とお電話をいただいたこともあります。

任意後見契約を互いに結ぶことをパートナーシップ証明書の発行要件とする自治体も増えています。興味のある方はご自分が住む自治体のパートナーシップ条例を調べてみるとよいでしょう。

なお、任意後見は契約ですから、頼んだ人もしくは頼まれた人のいずれかが亡くなった時点で契約は終了します。そのため、自分より長生きしそうな人に、ひとりではなく複数の方に、また、倒産や解散しなければ個人に比べて永続性がある（任意後見を引き受ける）法人などに頼むと、死亡による終了リスクを回避できるでしょう。

「よい後見人を紹介してください」と尋ねられることも少なくありません。正直苦慮するのですが、市民が中心となっているNPO法人や成年後見事業をしているシルバー人材センターを紹介しています。

法人を紹介する主な理由は継続性、多様性、地元性です。個人による後見だと、体調や引っ越しなどで業務が滞ったり、別の人に代わったりすることがありますが、法人の場合は解散や倒産をしない限り事業は継続します。メンバーも、元銀行員・元看護師・元警察官・その他、多種多様の経験者がいるので、さまざまなニーズや緊急事態に対応できる強みもあります。依頼者と同じ地域に住むメンバーばかりですから、「あの老人ホームいいよね」「銀行の支店長代わったよね」などと任意後見の依頼者と同じ目線で会話も弾みます。

同じNPO法人でも、弁護士・司法書士・社会福祉士・行政書士・精神保健福祉士・税理士・社会保険労務士などの「職業後見人」で構成される法人はおすすめできません。職業後見人につなぐ営業窓口に過ぎず、それぞれの士業が個人で業務を狭く担当している場合が多いからです。結局は士業の集まりですから、費用も高く、市民後見NPO法人ほど気さくで明るい雰囲気もありません。

成年後見事業に参入している社会福祉協議会もあります。自治体に直結している組織であることから堅い印象がありますが、弁護士や司法書士と提携していることが多く、案件を横流しするだけの社会福祉協議会の権利擁護センターや後見センターも少なくないので注意が必要です。

後見を引き受けてくれる法人は数も少ないので、探すのは難しいかもしれませんが、お近くに後見を引き受けるNPO法人があるか調べてみてはいかがでしょう。「NPO法人後見　○○市」というワードでネット検索したり、自治体や都道府県に聞いたりすれば、所在がわかります。できれば、心あたりの後見法人を二つ以上見つけてください。1～2年並行してつき合い、人間関係が上手く作れた方と任意後見契約を結ぶとよいでしょう。もし、関係が芳しくなくなったら臆せず契約を解除してください。

よさそうな後見法人がないなら自分（たち）で作るのも前向きでよいと思います。同じような状況や気持ちの方はたくさんいるので仲間集めは難しくないでしょう。自分が頼まれる側の経験をしておくと、自分のことも上手に頼めるようになります。される前にしてあげることで、多くのことを学び、ありがたがられ嬉しくもなるでしょう。

2. 何を頼む？

任意後見で頼める内容は契約やお金がからむことばかりです。具体的には、銀行・保険会社・証券会社との取り引き、不動産の売買・賃貸・修繕の手続き、病院・在宅介護サービス・老人ホームとの契約や支払い、相続でもらうものをもらい要らないものを放棄すること、税金の納付、住民票や戸籍の入手、携帯電話の契約・解約、車の処分、借金の返済や貸金の回収、その他です。

任意後見で頼める内容は法律でリスト化されています。作業分野は以下のA～Nの14事項で、それぞれに具体的な下位項目があり、全部で46項目の構成です（**資料3**）。各事項を示しますので任意後見で頼める内容を確認してください。

A　財産の管理・保存・処分等に関する事項
B　金融機関との取引に関する事項
C　定期的な収入の受領及び費用の支払に関する事項
D　生活に必要な送金及び物品の購入等に関する事項

E　相続に関する事項

F　保険に関する事項

G　証書等の保管及び各種の手続に関する事項

H　介護契約その他の福祉サービス利用契約等に関する事項

I　住居に関する事項

J　医療に関する事項

K　A～J以外のその他の事項

L　以上の各事項に関して生ずる紛争の処理に関する事項

M　復代理人・事務代行者に関する事項

N　以上の各事務に関連する事項

背中を流してほしい、買い物や病院に一緒に行ってほしい、食事を作ってほしいなど契約やお金がからまないことは頼めません。これらのニーズについては、後見人が介護事業者や生活支援サービス提供会社と契約し、本人の財産から費用を払うことで、本人にサービスが提供されるよう段取ります。

代　理　権　目　録

A　財産の管理・保存・処分等に関する事項

Ａ１□　甲に帰属する別紙「財産目録」記載の財産及び本契約締結後に甲に帰属する財産(預貯金〔Ｂ１・Ｂ２〕を除く。)並びにその果実の管理・保存

Ａ２□　上記の財産(増加財産を含む。)及びその果実の処分・変更

□売却

□賃貸借契約の締結・変更・解除

□担保権の設定契約の締結・変更・解除

□その他(別紙「財産の管理・保存・処分等目録」記載のとおり)

B　金融機関との取引に関する事項

Ｂ１□　甲に帰属する別紙「預貯金等目録」記載の預貯金に関する取引(預貯金の管理、振込依頼・払戻し、口座の変更・解約等。以下同じ。)

Ｂ２□　預貯金口座の開設及び当該預貯金に関する取引

Ｂ３□　貸金庫取引

Ｂ４□　保護預り取引

Ｂ５□　金融機関とのその他の取引

□当座勘定取引　□融資取引　□保証取引　□担保提供取引

□証券取引〔国債、公共債、金融債、社債、投資信託等〕　□為替取引

□信託取引(予定(予想)配当率を付した金銭信託(貸付信託)を含む。)

□その他(別紙「金融機関との取引目録」記載のとおり)

Ｂ６□　金融機関とのすべての取引

C　定期的な収入の受領及び費用の支払に関する事項

Ｃ１□　定期的な収入の受領及びこれに関する諸手続

□家賃・地代

□年金・障害手当金その他の社会保障給付

□その他(別紙「定期的な収入の受領等目録」記載のとおり)

Ｃ２□　定期的な支出を要する費用の支払及びこれに関する諸手続

□家賃・地代　□公共料金　□保険料　□ローンの返済金

□その他(別紙「定期的な支出を要する費用の支払等目録」記載のとおり)

D　生活に必要な送金及び物品の購入等に関する事項

Ｄ１□　生活費の送金

Ｄ２□　日用品の購入その他日常生活に関する取引

Ｄ３□　日用品以外の生活に必要な機器・物品の購入

資料３. 任意後見で頼める内容一覧

E　**相続に関する事項**

E１□　遺産分割又は相続の承認・放棄

E２□　贈与若しくは遺贈の拒絶又は負担付の贈与若しくは遺贈の受諾

E３□　寄与分を定める申立て

E４□　遺留分侵害額の請求

F　**保険に関する事項**

F１□　保険契約の締結・変更・解除

F２□　保険金の受領

G　**証書等の保管及び各種の手続に関する事項**

G１□　次に掲げるものその他これらに準ずるものの保管及び事項処理に必要な範囲内の使用

□登記済権利証

□実印・銀行印・印鑑登録カード

□その他（別紙「証書等の保管等目録」記載のとおり）

G２□　株券等の保護預り取引に関する事項

G３□　登記の申請

G４□　供託の申請

G５□　住民票、戸籍謄抄本、登記事項証明書その他の行政機関の発行する証明書の請求

G６□　税金の申告・納付

H　**介護契約その他の福祉サービス利用契約等に関する事項**

H１□　介護契約（介護保険制度における介護サービスの利用契約、ヘルパー・家事援助者等の派遣契約等を含む。）の締結・変更・解除及び費用の支払

H２□　要介護認定の申請及び認定に関する承認又は審査請求

H３□　介護契約以外の福祉サービスの利用契約の締結・変更・解除及び費用の支払

H４□　福祉関係施設への入所に関する契約（有料老人ホームの入居契約等を含む。）の締結・変更・解除及び費用の支払

H５□　福祉関係の措置（施設入所措置等を含む。）の申請及び決定に関する審査請求

I　**住居に関する事項**

I１□　居住用不動産の購入

I２□　居住用不動産の処分

I３□　借地契約の締結・変更・解除

I４□　借家契約の締結・変更・解除

I５□　住居等の新築・増改築・修繕に関する請負契約の締結・変更・解除

Ｊ　医療に関する事項

Ｊ１□　医療契約の締結・変更・解除及び費用の支払

Ｊ２□　病院への入院に関する契約の締結・変更・解除及び費用の支払

Ｋ□　**Ａ～Ｊ以外のその他の事項**（別紙「その他の委任事項目録」記載のとおり）

Ｌ　以上の各事項に関して生ずる紛争の処理に関する事項

Ｌ１□　裁判外の和解（示談）

Ｌ２□　仲裁契約

Ｌ３□　行政機関等に対する不服申立て及びその手続の追行

Ｌ４・１　任意後見受任者が弁護士である場合における次の事項

Ｌ４・１・１□　訴訟行為（訴訟の提起、調停若しくは保全処分の申立て又はこれらの手続の追行、応訴等）

Ｌ４・１・２□民事訴訟法第５５条第２項の特別授権事項（反訴の提起、訴えの取下げ・裁判上の和解・請求の放棄・認諾、控訴・上告、復代理人の選任等）

Ｌ４・２□　任意後見受任者が弁護士に対して訴訟行為及び民事訴訟法第５５条第２項の特別授権事項について授権をすること

Ｌ５□　紛争の処理に関するその他の事項（別紙「紛争の処理等目録」記載のとおり）

Ｍ　復代理人・事務代行者に関する事項

Ｍ１□　復代理人の選任

Ｍ２□　事務代行者の指定

Ｎ　以上の各事務に関連する事項

Ｎ１□　以上の各事項の処理に必要な費用の支払

Ｎ２□　以上の各事項に関連する一切の事項

注１　本号様式を用いない場合には、すべて附録第２号様式によること。

２　任意後見人が代理権を行うべき事務の事項の□にレ点を付すること。

３　上記の各事項（訴訟行為に関する事項〔Ｌ４・１〕を除く。）の全部又は一部について、数人の任意後見人が共同して代理権を行使すべき旨の特約が付されているときは、その旨を別紙「代理権の共同行使の特約目録」に記載して添付すること。

４　上記の各事項（訴訟行為に関する事項〔Ｌ４・１〕を除く。）の全部又は一部について、本人又は第三者の同意（承認）を要する旨の特約が付されているときは、その旨を別紙「同意（承認）を要する旨の特約目録」に記載して添付すること。（第三者の同意（承認）を要する旨の特約の場合には、当該第三者の氏名及び住所（法人の場合には、名称又は商号及び主たる事務所又は本店）を明記すること。）。

５　別紙に委任事項・特約事項を記載するときは、本目録の記号で特定せずに、全文を表記すること。

結婚・離婚や養子縁組の判断、遺言書の作成、身体を傷つける手術への同意、働く場合の会社との労働契約締結も任意後見に盛り込めません。どのような状態になろうが自分で決めるべきことで他人に判断を任せてはいけない事柄と法律で決まっているからです。確かに、「ご主人との籍を抜いてきたよ」「代わりに遺言を書いたよ」「生死を分ける大手術だけどお願いしておいたから頑張って」「明日からこの会社で9~17時で働け」と言われたらおかしいと思うのではないでしょうか。

後見は生きている間の代理業ですから、亡くなってからの葬儀やお墓の手配も任意後見に盛り込めません。しかし、亡くなってそのままというわけにもいきませんから、任意後見契約の先にある依頼内容として「**死後事務委任契約**」を結んで準備するのが一般的です。

死後事務委任契約で頼む内容は、「病院からの連絡を受ける」「駆けつける」「看取《みと》る」「病院へ費用を支払う」「ベッド周りの私物を撤去する」「葬儀の手配や支払いをする」「納骨する」「供養する」「遺品を整理する」などです。葬儀をあげるには自治体への死亡届が必須です。法改正を経て、任意後見を頼まれていた人も死亡届ができるようになりました。

以上、**認知症になってから亡くなるまでのことは「任意後見契約」で、亡くなってから**

の諸事は「死後事務委任契約」で依頼しておくことで晩年の準備はほぼ盤石になります。

3.「どのようにしてもらうか」を盛り込む

これまでの任意後見契約は、「誰に、何を頼む」かを決めるだけのものでした。その結果、任意後見契約をスタートさせたところ使い勝手が悪く、法定後見に切り替えられてしまうケースも少なくありませんでした。

そこで、後見の杜では、**「どのようにしてほしい」という方法を盛り込む**契約書の作成支援をしています。

たとえば、アパートを持っている人なら、「修繕費が500万円以上かかる場合はアパートを売却する。それ以下の金額ならメンテナンスしながら貸し続ける」という具合です。老人ホームについてなら、「要介護4になったら老人ホームに入る。第一希望は○○、第二希望は○○とする」という具合です。

このように指示を明確にしておけば、頼まれた方も施設探しに苦労しませんし、不本意な施設に入れられることもないでしょう。何より、任意後見契約書を作るときに「どうしようか」と話が盛り上がる効果もあり、好評です。

並行して、〝楽しい〟任意後見契約書の作成にも挑戦しています。これまでの任意後見は、やれ財産だ、やれ介護だと、堅苦しく狭い内容でした。そこで、**自分らしい認知症生活の遂行を目指し、忘れられがちな「K　A～J以外のその他の事項」に注目し、内容を一緒に考えています。**

ゴルフ好きの方なら、「認知症になっても、月1回は●●ゴルフ場に行くための車を手配すること。体力的にプレーできなくてもクラブハウスで慣れ親しんだカレーライスを注文しその費用を払うこと。A君とB君にも声をかけること」という具合です。おしゃれ好きの人なら、「月1回は●●美容院に行って髪をきれいにする。Yさんが現役ならYさんに、引退していたらXさんに頼むこと。髪の毛の色は明るい赤とし、費用は1回1万2000円までとする」など、自分にとって楽しいことや大切なことを三つ程度盛り込むのです。

こうすることで、認知症などになっても自分らしくお金を使う生活をイメージできますし、いよいよ認知症となったら実行してもらえるのです。あなたの親御さん、あるいは、あなた自身は、何を任意後見契約に盛り込みたいですか？　三つほど考えてみてください。

4．いくらで頼む？

後見人の業務は無料が原則です。しかし、労をねぎらう意味で、あるいは応分のお金がほしいというニーズに応えるため、有償にすることもできるようになっています。

家族や友人・知人に頼む場合、無料が一般的でしたが、月1万〜5万円の後見人報酬を契約書に盛り込むことが増えています。当初の契約書では無料だったが実際にやってみると大変ということで、任意後見契約が始まってから報酬を月20万円に引き上げたケースもあります。

NPO法人などであれば月3万〜5万円で引き受けるのが一般的です。弁護士や司法書士に頼むと月5万〜8万円が通常です。同じ仕事なのにする人によって値段が変わるため、そろそろ料金体系を定めた方が、頼む方も頼まれる方もやりやすいと思います。

現状では、月額はわかるけれど、総額がまったくわかりません。認知症と診断されてからの平均余命は5〜12年、若年性認知症の場合10〜15年と言われます。これをもとに、任意後見の期間を10年間と考えて試算すると的外れではなくなるでしょう。

月3万円とした場合、年間36万円×10年＝合計３６０万円となります。月５万円の場合は年間60万円×10年＝合計６００万円、月８万円の場合は年間96万円×１０年＝合計９６０万円となります。お願いする業務内容に照らし、この金額をどう思いますか？

この費用は、任意後見契約がスタートしてから発生するものであり、契約書を作っただけではかかりません。任意後見契約を結びながら、認知症にならない、なっても重症化させないことも、支出を回避するために重要な心構えです。

5. 無用の長物「監督人の同意を要する特約」は外してもらえ

公証人が原案として提示する任意後見契約書の中に「**監督人の同意を要する特約**」が**あったら外してもらってください。**後のトラブルの要因になることがあるからです。

資料4は、任意後見契約書に盛り込まれた監督人の同意を要する特約の実例です。要するに、「**監督人が許可しないとできない項目**」**が列挙**されています。このケースでは、依頼者に直接頼まれた後見人（受任者）なのに、見ず知らずの監督人が**資料**4の項目について許可しない場合209ページの①～⑥ようになってしまう設定になっています。

> 任意後見契約の効力発生後、受任者が次の行為をする場合は、個別に任意後見監督人の書面による同意を要する。
> ①居住用不動産の売買、賃貸借、その他重要な財産の処分
> ②居住用不動産の増改築に関する請負契約
> ③有料老人ホームなど福祉施設への入所契約
> ④裁判や若いをする場合に、弁護士を選任し委任すること
> ⑤復代理人の選任
> ⑥以上に関連する一切のこと
> 以上

資料4.任意後見監督人の同意を要する特約事項

①本人の家を売りに出せないし貸し出せない
②本人の家のリフォーム業者を選べない
③本人が入る老人ホームを決められない
④法的な問題が発生したときに弁護士に依頼できない
⑤後見人に代わるピンチヒッターを選べない
⑥上記①〜⑤に関する一切のことができない

この特約事項により、決定権が、後見人から監督人に移ってしまいます。表向きは、「後見人をけん制する意味で必要不可」と言われますが、内実は、同意するという仕事を追加することで監督人報酬をつり上げることにあると思います。

この特約の悪しき影響をうかがい知れる例を一つ紹介します。

70代のお姉さんが若年性認知症になった60代の弟さんの任意後見人をしていました。裁判所がつけた監督人は30代の弁護士です。

弟さんは一人暮らし用のマンションを購入して住んでいました。一人暮らしが難しくなった弟さんが施設に入るにあたり、マンションを売ろうと、お姉さんは親の代からつき合いのある不動産屋に売却を依頼しました。

それを知った監督人は、「不動産を売却するには私の同意が必要という条件になっているから勝手なことをしないように」とたしなめ、監督人の知り合いの不動産屋を使うよう求めました。お姉さんは旧知の不動産屋を断り指定された不動産屋に依頼せざるを得なかったと嘆いていました。確かに、なんかおかしな話ですよね。

公証人の言うことが必ずしも正しいとは限りません。

親子で任意後見契約を結ぶにあたり、公証人に「監督人の同意を要する特約を外してください」と言ったところ、「この特約を削除するなら任意後見契約書を作らない」と言った公証人がいます。違和感を覚えた親子は、公証人を所管する法務大臣に苦情を出しました。結果、その公証人は「懲戒処分」を受けました。法的根拠のない事項を押しつけようとしたのですから当然といえば当然の処分でしょう。

監督人の同意を要する特約は法律上必須の要件ではありません。公証人が、意図的に盛り込んでくるオプションに過ぎませんから、「要らないものは要らない」と拒否することが後の身のためです。

公証役場は全国に約300あります。公証人も500名程度います。「地元の公証人が特約を削除しないと言うので、ほかの公証役場へ行き、特約なしの契約書を作ってもらった」と言う方もいます。**おかしいと思ったらほかの公証役場に行く工夫や努力を惜しまないこともよい任意後見契約を結ぶ大事なポイントです。**

6. 任意後見契約書の作成費用を抑える方法

公証人に任意後見契約書を作成してもらうのに4万~5万円払うことになります。

まず、契約書に記載する人物1名につき1万1000円かかります。頼む人1名&頼まれる人1名なら2万2000円、頼む人1名と頼まれる人2名なら3万3000円となります。これに諸経費が1万~2万円かかります。公証役場で任意後見契約を結ぶと、誰が、誰に、いつ、どこで、何を頼んだという契約内容の骨子が法務局へ登記されます。この手続きも公証人がしますが、この登記費用が5000円くらいです。

以上が任意後見契約の直接的費用（4~5万円）の内訳です（2024年8月時点の情

報につき、実際に使用される場合は再度確認してください)。

問題は間接的費用です。弁護士や司法書士に任意後見契約書の原案を作ってもらうと、10万~100万円程度かかります。相場があってないような現状なのです。

間接的費用は公証人と直接やり取りすれば一切かかりません。いずれにせよ、任意後見契約書は公証人が作るので、効率よくやりたい方は、公証人と直接やり取りし、4万~5万円で終わらせるとよいでしょう。最近、「任意後見契約書はできているのか」と聞いてくる公証人が増えているようです。その発言には、「ネットで調べて自分で用意しろ」「弁護士や司法書士に費用を払って契約書のたたき台を作ってから来い」という腹が見えますが、それは公証人の都合に過ぎません。**「たたき台はありません(できていません)。公証役場の方で作成お願いします」**としっかり伝えるのが得策です。

7. 認知症でも任意後見契約は結べる!

身体も心もピンピンしているうちに任意後見契約を結ぶ人はほとんどいません。友人が認知症になったり、自分が入院したりして初めて、「今後どうなるのだろう」と思い、人に聞くなどして任意後見という言葉に出あうことがほとんどだからです。

老親の言動を見て「ちょっとおかしい」と気づいた中年層の子どもが調べ、任意後見制度にたどり着くこともしばしばです。

医師から「認知症ですね」と言われ、自治体から要介護認定を取り、ケアマネジャーから、「成年後見はどうされますか？」と言われ、法定後見より任意後見がよさそうだと思うに至る方もいます。

いずれにせよ、認知症になってから任意後見制度を知るのが一般的なのです。その際、認知症だから任意後見はもうできない（法定後見しかない）と断定するのはやめてください。

認知症といっても、何かがわかるときもあればわからないときもあり、症状がまばらであることがしばしばだからです。実際、重度の認知症と言われている人が、任意後見契約を結べたケースはたくさんあります。

認知症になってから財産管理などを頼む意思能力があるかどうかを判断する権限は公証人にあります。ある公証人が「認知症だから無理ですね」としたものの、別の公証人は「認知症だけどOKです」としたケースも多くあります。

つまり、**公証人以外が、「認知症だから任意後見は無理、法定後見しかない」と言うのは越権的発言であり、法的にも実務的にも何の根拠も意味もないのです。**

周囲の声に惑わされず、親の預貯金が1000万円以上ある方は、認知症が重度化しないうちに親御さんと任意後見契約を結んでください。そうしないと、**親が住む自治体の福祉課が、裁判所に法定後見の手続きを取ってしまうことが増えているからです。**

「家族がいるから大丈夫だろう」という甘い考えは通用しません。世知辛い世の中ですから、できるときにできることをしないと、法定後見という厳しい制裁を受けるでしょう。

第8章

すでに任意後見契約を結んでいる方へのアドバイス

すでに任意後見契約を結んだ方から、「どのタイミングで裁判所に持ち込み、正式にスタートさせるのがいいか？」「監督人とうまくいかない場合どうしたらよいのか？」というご質問をいただきます。契約を本格稼働させて苦労している方の苦い経験を踏まえ、任意後見契約を結んだもののまだ正式にスタートさせていない方に実務的なアドバイスをします。

1. 任意後見契約をいつ稼働させるか？

任意後見契約は、稼働させないに越したことありません。そのため、以下の**四つの条件がすべて整ってから稼働させる**ことを推奨します。

条件1　依頼者が、認知症などになった
条件2　依頼者が、お金まわりのことを理解できなくなった
条件3　依頼者が、取引先から後見を始めてもらわないと取り引きできないと言われた
条件4　依頼者が、上記の取引先との取り引きを今どうしてもしたい

「依頼者が認知症などになったら任意後見契約をスタートさせなくてはならない」（条件1）という人がいます。具体的には、認知症、うつ病、依存症、解離性障害、強迫性障害、睡眠障害、摂食障害、双極性障害（躁鬱《そううつ》病）、適応障害、統合失調症、パーソナリティー障害、発達障害、パニック障害・不安障害、ＰＴＳＤ（心的外傷後ストレス障害）などの精神疾患を患っている診断が出たらすぐにスタートさせなければいけないという考え方です。

しかし、この診断だけをもって任意後見契約をスタートさせてはいけません。スタートさせても、依頼者のために何かすることがない割に、監督人報酬を取られるだけで、任意後見の依頼者にメリットはないからです。

認知症などになり、かつ、依頼者がお金まわりのことを理解できなくなったら、任意後見契約をスタートさせなくてはならないと言う人もいます（条件1と2）。これでもまだ早すぎます。認知症ゆえ、銀行から預金を下ろせなくなっても、介護サービスの中身や料金を理解できなくても、家族や支援者がいれば何とかなることが多いからです。

「取引先から後見を始めてもらわないと取り引きできないと言われた」（条件3）となると状況が変わってきます。実務的には、これが最も強い任意後見のスタートの動機になるからです。しかし、まだスタートさせなくても大丈夫です。その取り引きを、今はしなくてもいいなら任意後見をスタートさせる必要はないからです。相続にしても、家のリフォームにしても、定期預金の解約にしても、先延ばしにすれば任意後見のスタートは不要です。

遺産がすぐに欲しい、家をすぐに売却したいなど、その取り引きを今どうしてもしたい（条件4）のであれば、潔く任意後見を始めましょう。そのために依頼者と話し合い、契約を結んでおいたわけですから。

2．任意後見契約をスタートさせようと躍起になる法務省からの通知

任意後見を所管する法務省は、予算をつけ、任意後見契約をスタートさせるよう躍起になっています。

法務省は、2022年（令和4年）秋、すでに任意後見契約を結んでいるものの正式にスタートさせていない人たちに、任意後見契約をスタートするよう督促する通知を全国の当事者に一斉送付しました。文面は、

「任意後見契約は、御本人の判断能力が低下した際に、家庭裁判所で任意後見監督人が選任されることにより、初めて契約の効力が生じるものです。そのため、任意後見制度を御利用いただくためには、御本人の判断能力が低下した際に、御本人、任意後見受任者又は御家族から家庭裁判所に任意後見監督人の選任の申立てをしていただくことが必要となることから、その旨を案内文書でお知らせするものです」というものです。

これは先にあげた条件1だけに該当する内容です。通知を受け「裁判所に任意後見監督人の選任の申し立てをしないといけないのか」という問い合わせを多くいただきましたが、ほかの三つの条件を説明したところ「そうだと思った」「確認できてよかった」と少なからず感謝されました。

法務省は、任意後見制度が始まって22年を経て、どうしてこの通知を出したのでしょうか？　背景には、「任意後見監督人ビジネスを待つ弁護士などへの利益誘導」があると思います。

任意後見監督人の仕事に就きたい弁護士や司法書士は、各地の裁判所に任意後見監督人候補者リストなるものを作成し、提出（営業）しています。任意後見監督人が必要になるのは公証役場で作成した契約書が裁判所に持ち込まれてからです。弁護士や司法書士の親方的存在である法務省は、任意後見契約を結んだ国民に、「認知症になったら任意後見をスタートさせなければいけません」という通知を出したのです。

3．法務省からの通知の結果

法務省からの通知の効果を見てみましょう（図4）。

まずは件数です。法務省からの通知があった2022年のスタート件数は879件で、それまでの年に比して件数が多くなっています（棒グラフ）。通知が年末であったこともあり余波なのか、2023年の件数も871件と従来に比して多くなっています。

次に比率を見てみましょう（折れ線グラフ）。通知のあった2022年は2021年に比してプラス12・1パーセントと突出して高くなっています。それまでの比率はマイナスにしてもプラスにしても1桁パーセントですから、税金を使った任意後見監督人の仕事作りの効果はあったといえます。しかし、介入の反動か、翌年にはマイナス0・9パーセントとなっています。

効果を数字で見てみましたが、個々の事案において、果たしてスタートさせることが依頼者のメリットになったのでしょうか。「法務省が始めろと言ってきたのでスタートさせたが後見人がすることが何もない、今からやめる方法はあるのか」というご相談も少なからず受けたことから、メリットの有無は判然としません。いずれにせよ、任意後見契約のスタートは強制ではないので、**先の4条件を参考に、不要不急のスタートは控えることをおすすめします。**

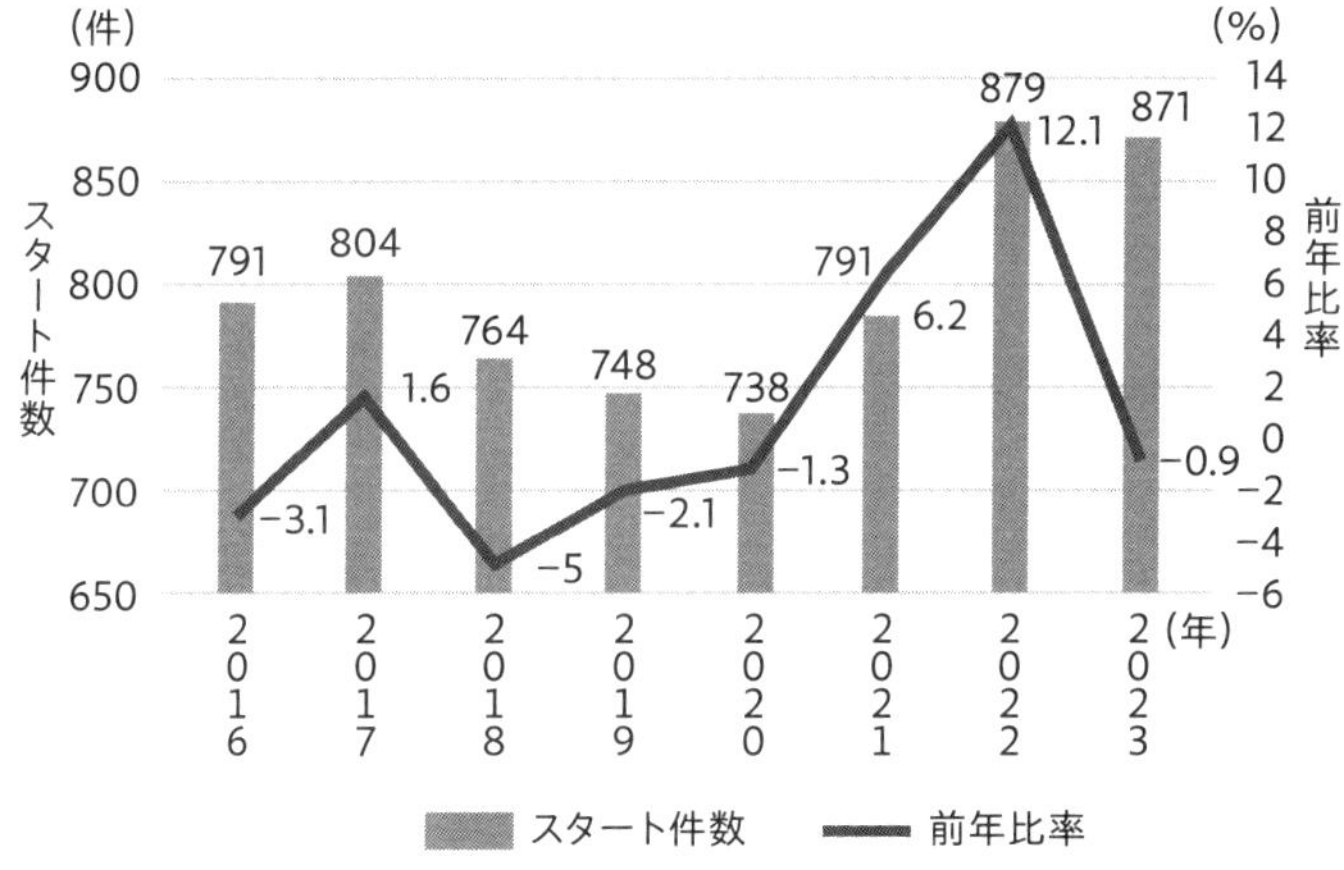

図4. 任意後見契約のスタート件数と比率

4．任意後見監督人の報酬

任意後見監督人の仕事は、後見人が裁判所に年1回出す業務報告書のチェックだと思って問題ありません。報告書の内容は家計簿程度で、枚数も数枚と少ないので、チェックするとしてもその専門性は高くなく短時間で終わるのが通常です。

任意後見監督人の報酬は裁判所が決めます。監督人が何をしたかより、依頼者の預貯金額に比例して監督人報酬を決めるのが一般的で、預貯金額が少なければ月2万円程度、多ければ月6万円程度といわれます。年間にすると24万～72万円、10年なら240万～720万円、払うことになります。

比較的お金持ちの案件の監督業務を10件している弁護士がいるとします。まず、10件×72万円＝720万円の年収になります。1件あたりにかかるチェック時間を3時間とすると、720万円÷30時間＝時給24万円です。1件に6時間かかったとしても720万円÷60時間＝時給12万円です。さらに倍の時間がかかったとしても720万円÷120時間（1件あたり12時間×10件）＝時給6万円です。業務内容の割に監督人報酬が高いと言われるゆえんはこの実情にあるのです。

老親の後見を引き受けた息子さんや娘さんから、「私は、後見人の仕事を無料でしているのに監督人報酬が高すぎる、払いたくない！」という不満をよく耳にします。そう思うなら払わなくてもOKです。裁判所が提示する監督人報酬額は、「その金額を請求してもよい」という許可に過ぎず、任意後見契約の依頼者（後見人）に「その金額を払え」と命じるものではないからです。そもそも、監督人は依頼者が依頼したものではなく裁判所がてがったに過ぎません。このような性質から、監督人報酬については、「**裁判所が提示した金額を監督人は請求してもよいが、依頼者に支払う義務はない**」という思想とルールがあるのです。

後見人には、「認知症になったとはいえ、本人の意思を尊重しながら代理・代行業に勤しまなければいけない」という義務が課せられています。そのような中、任意後見の依頼者（本人）に、「監督人から請求が来た、監督人はこのような仕事をした、請求通り払いますか？」と聞き、「払わなくていい」と言われたら後見人として払いようもないでしょう。

ところが、裁判所のQ＆Aに、「任意後見監督人の報酬を払わない場合、後見人を首になる」というような趣旨のことが書かれている場合があります。依頼者に支払う義務がないのに、代理人である後見人に首をちらつかせるのは適切とは言えません。裁判所によって表記の内容が異なるので、自分の住む都道府県の家庭裁判所のサイトを見つつ、「任意後見監督人の報酬を払わないと後見人を首になるのか」「そのような実例はこの県で何件あるのか」と裁判所に電話や書面、訪問にて照会してみるといいでしょう。

ただし、監督人が、任意後見の依頼者を被告に、家庭裁判所が決めた金額を払うよう求める民事裁判や少額訴訟を起こし、「払え」という判決が出たら、その金額を支払うことになります。むしろ、そうなって初めて払うのが正規の運用ともいえるので、家庭裁判所が出した任意後見監督人の報酬審判書が送られてきただけで払うのは拙速《せっそく》あるいは正式な手続きを飛ばしていると言わざるを得ません。

5. 任意後見＝監督ビジネスか？

任意後見は、依頼者の意思継続の保証制度ですが、その内実は監督人のためのビジネスになっていると思わざるを得ません。そのことを示す事例を紹介します。

千葉県在住の母と娘が任意後見契約を結んでいました。任意後見契約を正式にスタートさせる必要が発生し、裁判所に手続きを取りました。

申請を受けた裁判所は、営業登録している弁護士会と司法書士会に「この案件やる人いる?」と声をかけましたが誰も手をあげません。理由は、依頼者の財産がほとんどなく、監督人報酬が取れそうにないからです。

裁判所の仕事は、監督人をつけ、任意後見契約をスタートさせることです。その仕事を迅速にしなければいけないという法律もありますが、1年経っても任意後見が始まりませんでした。しびれを切らしたのか、このケースを担当した千葉家庭裁判所後見係の書記官は、「お母さんが払えないなら、後見人になるあなたが監督人のお金を用意できるか」と聞いたそうです。裁判所との電話録音を聞いたところ、確かにそのように言っていますが、なにゆえ、後見人が監督人費用を払う義務があるのでしょう。

仕方なく娘さんが、「いくら用意すればよいのですか」と聞くと、書記官は「わからない」と回答しています。「金額がわからないなら用意の仕様もないじゃないですか」と言うと、書記官は「最低月1万円」と言っています。しかし、個別の事案の報酬額を決めるのは裁判官ですから、権限のない書記官が、下限値とはいえ金額を通知するのは守備範囲外の不適切な行為と言わざるを得ません。

「成年後見制度を通じて裁判所は弁護士や司法書士を食わせている」と揶揄《やゆ》する人は少なくありませんが、この実例は、「任意後見を頼んだ人の利益や権利より監督人の売り上げにこだわる裁判所の態度」を明らかにしました。このやり取りがあった2021年11月、「日本の任意後見千葉で没す」と遺憾に思った出来事です。

余談ながら、**任意後見監督人には、任意後見を法定後見に切り替えるよう裁判所に求める権限が与えられています。その権限を活用し、監督人報酬をもらえそうにないから法定後見に切り替え自分はオサラバした司法書士がいます。**その権限ゆえ、監督人報酬を払ってもらえないことを理由に、自分が法定後見人になり監督人時代の報酬を得ることもできます。**目的も性質も異なる任意後見を法定後見に切り替えるよう求める権限は監督人から没収すべき**と思います。

6. 任意後見監督人に対する苦情と対策案

任意後見人からいただいた任意後見監督人に対する苦情のいくつかを紹介します。

・任意後見契約の依頼者が愛読している新聞の購読を、「認知症だし、見ているだけで読めていない」と解約するよう任意後見監督人から求められました。どうしたらよいのでしょうか。

・任意後見監督人は任意後見契約の依頼者に一度しか会っていません。その面談で、依頼者が「朝ご飯は食べない」と言ったところ、「昼と夜の弁当以外の食事代は要らないでしょう。ヘルパーさんに頼んでいるジュース、野菜、菓子パンなどの生活費は認めません」と任意後見監督人から言われました。任意後見制度を使うと間食もダメなのでしょうか？

・任意後見契約の依頼者の生活費が枯渇しないよう、任意後見人となった娘に、「母の生活費が足りなくなったら生活費を負担します」という念書を書くよう任意後見監督人に求められました。私は、「裁判所が決めた弁護士資格を持つ監督人が言うのだからそういうものだろう」と思い込み署名しましたが今からでも撤回できますか。

・任意後見契約の依頼者はクリスチャンです。収入の一部を教会に献金したいのですが、任意後見監督人から、「お賽銭《さいせん》程度で十分でしょ」と言われ、依頼者も私も当惑しています。驚きあきれるかもしれませんが、これが、弁護士会や司法書士会が自信を持って推薦し、裁判所が個別の事案にあてがった監督人の一端です。

紹介した内容は、任意後見契約書の代理行為目録に記載されているものではないので、そもそも任意後見監督人に口を出す権限はありません。しかし、まるで権限があるかのように任意後見人をまやかし、義務のない新聞購読中止・間食禁止・生活費補填要求・献金活動停止を求めてきたのです。要するに、依頼者のお金が減ると自分がもらう監督人報酬が減るからでしょうが、見逃せない言動と言わざるを得ません。

このような任意後見監督人こそ解任されるべきです。しかし、**現在の法律では、任意後見監督人の解任を家庭裁判所に請求できるのは、任意後見契約の依頼者、その親族、検察官、の3種に限定されているように思われます。**

任意後見契約の依頼者は、すでに判断能力が不十分なので、監督人を解任する手続きを取るのは難しいでしょう。親族がいない場合、監督人の解任を求める人は存在しません。検察官は刑事事件をメインとしますが、任意後見監督人は依頼者の財産を直接管理しないので横領事件を起こすことはありません。つまり、検察官による監督人の解任請求は実効性がないのです。

現在の法律では、家族がいない場合、任意後見監督人は、何を言ってもやっても解任のクレームを出される危険にさらされてないのです。家族がいないからこそ友人・知人に後見を頼む人が多い現実を踏まえ、**（家族以外の）任意後見人に任意後見監督人を解任する請求権を明記するよう改正が必要**です。

現在の法律（任意後見契約に関する法律第7条4項および民法846条）に関して当局に確認したところ、「任意後見人に任意後見監督人の解任請求権があるかないかは判然としない」ということでした。監督人の言動がおかしいと思ったら、任意後見人として裁判所に、「任意後見監督人の解任の申し立て」というタイトルで、いつ、どこで、監督人が、どんなことを言った・した・しなかったなどを明記し、解任を求めるといいでしょう。これから任意後見契約書を作る人や作ったけれども稼働させていない方は、「**任意後見監督人の解任請求**」**を代理行為目録に加筆**してもらうよう公証人に求めるといいでしょう。

7. 任意後見をやめたくなったら

任意後見をスタートさせた後、依頼者にとって「意味がない・費用に合わない」と思ったら、裁判所に、「終わりにしてもいいですか」と求めましょう。裁判所が、「終わりでいい」と言えば終了、「続けなさい」と言えば継続します。

任意後見をスタートしたものの、必要性やメリットがなければ裁判所に「終わりにしたい申請」を行ってみてください。裁判所が不必要に継続を求めるなら、「家庭裁判所の判断が依頼者の利益にかなわない、むしろ、監督人報酬の観点から損害が出ている」と、裁判官（国）を被告に裁判を起こすといいでしょう。そのような事例や判例が増えてこそ、国民的議論となり、我々当事者のための任意後見へと成長するのです。

〔コラム〕

任意後見監督人が要らない時代に期待！

認知症になってからのお金まわりについて、「家族や友人・知人と任意後見契約を結んで備えておくのはいいしやりたい。しかし、家庭裁判所がつける監督人がイヤ、そんなものは不要」と言う人は少なくありません。

確かに、「この人に後見人を頼みたい」と当事者が言っているのに、国がその後見人の業務をチェックするための「監督人」をつけるのは過剰なお世話と考えられます。監督人をつけなくても、家庭裁判所が後見人の仕事ぶりをチェックすれば管理上の問題はなく、任意後見監督人は必要不可欠とは言えません。

それでも国として監督人をつけたいなら、監督人費用は依頼者の自己負担ではなく**「国の負担」**でまかなうのが筋でしょう。

「任意後見監督人をつけない運用」や「任意後見監督人費用は公費負担」は法改正に期待するとし、今でもできることは、**「監督人候補者を任意後見契約書に盛り込んでおく」**方法です。

具体的には、任意後見契約書の依頼者はAさん、後見人はBさん、Bさんの業務を見張る監督人はCさんという任意後見契約書を作るのです。Bさんの報酬額、Cさんの報酬額も決めておきます。現在の法律上、BさんとCさんが親族でなければ問題ないので、たとえば、Aさん＝老親、Bさん＝Aさんの子ども、Cさん＝知り合い、という任意後見契約書を公証人に作ってもらうといいでしょう。10年ほど前、後見の杜でそのようなパターンを考案したところ、少なからぬ公証人が賛同し、3人が登場する任意後見契約書を公正証書で作ってくれました。契約の当事者3名も、「他人が入らないから安心」と嬉しそうでした。

しかし、いよいよ本格稼働に至ったとき、担当する裁判官がCさんを監督人に選ぶか否かはわかりません。監督人を誰にするかは裁判所の権限なので、家庭裁判所に営業登録している弁護士を監督人に選ぶ可能性があるのです。

そうなった場合、「違法性がないのに契約書に記載されている人物を監督人に選ばないのは契約内容を壊すものであり、公権力の乱用である」と訴えるのがいいでしょう。任意後見の性質を私たちが使い切れるかどうかは、私たち自身の行動次第なのです。

第9章

成年後見制度を利用している人たちの思い

～後見する側ではなく、後見される側からの提言～

現在の成年後見制度は、1896年（明治29年）に始まった禁治産制度を改め、2000年（平成12年）にスタートしました。

23年間の運用を経て、2024年（令和6年）から本格的な見直しが始まっています。見直しの背景には、国内の制度利用者からの不満はもちろん、**日本の成年後見制度はよくないから改正するよう国連から勧告が出たこともあります。**

しかし、後見される側から見た場合、見直し方自体に問題があるように思います。成年後見制度を使ったことがある人が約35万人、今使っている人が約25万人もいるのに、**本人や家族を対象とする利用者満足度調査が実施されない**一方、「これしか報酬をもらっていない」という**後見人側の調査が行われ、それをもとに、職業後見人は「後見人報酬を増やすよう」「後見人報酬のための予算を増やすよう」**求めているからです。

任意後見契約を強制的にスタートさせる仕組みや自治体による後見申請を増やす方策の検討などを含め、**政府の見直しがあなたや家族を苦しめるかもしれません。**

本章では、揺れ動く成年後見制度に対し、国連（世界）が何を問題視しているのかを紹介したうえで、100％後見される側からの視点で、「こうなれば多くの日本人が成年後見制度を利用するでしょう」という提案をします。

1. 国連からの三つの注文

２０２２年夏、日本の成年後見制度に関して国連は三つの注文を出しました。

一つは、裁判に関することです。今の法律では、被後見人が誰かを訴える場合、被後見人に代わって後見人が訴えることになっています。すると、被後見人が後見人を訴えたい場合、後見人が後見人を訴えることになるので裁判は成立しません。つまり、**後見人は被後見人から訴えられないようになっている**のです。

「どうせ本人からは訴えられない」と高をくくる後見人の言動を見るにつけ、この仕組みが後見人の態度を横柄にしてきた根源と考えていました。10年以上前から問題視してきましたが国内での議論は起きず、国連からの指摘に喜んでいるところです。

国連の指摘を受けて被後見人が後見人を訴えられるようになるかどうか、国内の議論を注視していきましょう。

二つ目は、法定後見制度を使うと自分で自分の財産を使えなくなりますが、これをやめなさいという勧告です。

今の法律で**被後見人は、完全無能力者のレッテルを貼られます。被保佐人はほぼ無能力者、被補助人は一部無能力者のレッテルを貼られます。**

このレッテルを貼ることで本人の経済行為を禁止します。そのうえで、後見人・保佐人・補助人をつけ、代わりに経済行為をさせるのが法定後見制度の原理です。

レッテルを貼り本人の経済行為を禁止する理由は、本人と後見人などの意見が異なると現場が混乱することの防止ですが、うまく話せないけれどもなんとかもごもご話そうとする人の口に蓋をするようで好ましいものではありません。権利を擁護するために権利を侵害するのはおかしいという感覚が世界にはあるのです。

この感覚を日本の制度に落とし込むのは制度上大手術になります。国内の見直しで、必要なときに必要なだけの後見ということで「スポット後見」とか「一時的後見」などが提唱されていますが、「無能力のレッテルを貼りますが用事が終わったら有能力にするから少しの間勘弁ね」となり内容に整合性が取れず導入は難航しそうです。

三つ目は、成年後見制度利用促進法を廃止せよということです。ポンコツ制度の利用を促進するために、国をあげ、予算をつけ、広報し、後見センターなどの利用促進拠点を量産するなということです。国連は国内の実状をよく見ているなと驚きました。

「国連から廃止の指摘を受けていることを国や都道府県から聞いたことがない」と言う自治体の後見促進担当者は少なくありません。**成年後見制度を車や電化製品にたとえれば、不良品なのでリコールがかかっている商品を、積極的に売ってこいと国や都道府県から発破をかけられているわけで恐ろしい限りです。**

以上、国連からの指摘である「裁判」「ダメ出し」「利用促進法廃止」の3点に興味のある方は、法務省の「法制審議会―民法（成年後見等関係）部会」の議論をフォローしてください。

2. 成年後見制度を使っている人の三大意見

後見の杜には日々、全国から問い合わせがあります。1割は成年後見制度を使う前の相談で、9割は成年後見制度を使ってからのSOSです。

SOS相談の8割は女性からで、「夫の後見人がおかしい」「義母の後見人が勝手なことをする」「子どもの後見人がムカつく」などです。

いずれにせよ、話をうかがい、資料を拝見し、被後見人などとの面会を通じ、被後見人のために何が一番いいかを考え、制度上用意されている打開策の説明をしています。

一番人気は、成年後見制度から離れることができる「取り消し」です。相談者は、成年後見制度なんて使わなければよかったと後悔している人ばかりですから、後見はこれをもって終了！　という取り消しの手続きを取りたいのです。

二番人気は「後見人の変更」です。正確には、それまでの後見人を辞めさせて、新しい後見人を選任する手続きとなります。理由はともあれ、「あの後見人は嫌だ」というのがメインですから、後見人を代えることができそうな場合はその方法を説明しています。

ほかにも、「あんな監督人要らない・辞めてほしい」「後見人や監督人の報酬が高すぎる・払いたくない」「自治体が親を連れ去り後見開始の手続きを強行した・親の居場所もわからない」「医師の診断書が実態よりも不当に悪く書かれている・嘘の診断書ではないか」など、さまざまなSOSが寄せられてきます。

制度を使っている方からの意見は3点にまとめることが可能です。

・家族がいれば成年後見制度は要らない
・成年後見制度を使うにしても家族が後見人になるのが当然
・弁護士などが後見人になる場合、報酬に見合うようきちんと仕事をしてほしい

以下、制度を利用している人の三大意見を踏まえ、成年後見制度を国民が使いたくなるようにするための方法を提示します。

3.「家族がいれば成年後見制度は要らない」を実現する方法

家族がいれば成年後見制度は要らないという声は非常に大きいです。理由はシンプルで、「家族がするから大丈夫」ということです。

確かに、認知症などになった親の子どもが、銀行へ行ってお金を下ろしたり、介護契約を結んだり、実質的な後見人の仕事をしているケースは何百万件とあります。むしろ、それが普通と言えます。制度上の後見人ではないので費用もまったくかかりません。

介護業界は、家族が保証人になることで制度上の後見人を不要としています。保証人が

いることで費用を取りはぐれることがなくなるし、看取りや遺体の引き取りの問題もなくなるからです。

銀行業界も、預金者の家族からの要請なら、制度上の後見を使わなくても、親名義の口座の払い戻しに応じるようになってきています（第4章）。今のところ払い戻しの金額制限があるようですが、その制限額を上げることで、成年後見制度を不要にすることができるでしょう。

保険業界にも制度上の後見回避の動きが見られます。某大手保険会社は、「**便宜後見制度**」という仕組みを採用しています。サイトでは、「請求権者の意思能力がなく、成年後見人などの法定代理人の選任もない場合も、推定相続人などの承諾など一定の条件のもとで、親族等の便宜的に設定した後見人によりお手続きいただけます」といった趣旨の説明をしています。

このように、**認知症などになった老親の取引先が工夫をしてくれれば制度上の後見は要りません**。「家族がいれば成年後見制度は要らない」を実現する方法として、介護事業者や金融機関の取り組みを参考に、不動産業界や交通事故分野を所管する国土交通省や業界団体の工夫に期待するばかりです。

とくに、「交通事故の賠償金の請求をめぐり成年後見制度を使いたくない」という交通事故の被害者やその家族からの問い合わせが増えています。**成年後見制度を使うと賠償金の多くを弁護士などの後見人に取られてしまうからです。**

そのような感情を差し置き、国が管理する強制加入の自動車損害賠償責任保険（いわゆる自賠責保険）の請求において、「成年後見制度を使わないと払わない・障害の等級が決まらないと払わない」と言われて苦悩する被害者とその家族が増えています。当然もらえる賠償金なのに、「成年後見制度を使ったら払うけれど、使わなければ払わない」ともいえる態度は保険加入者に不払いに近い印象を与えます。

本人の状態を実際に会って確認し、成年後見制度の利用を求めるのが順当ですが、本人に会いもせず、つまり、調査もせず成年後見制度の利用を求めるのは順番が逆です。

国による強制加入である自賠責保険の給付に成年後見制度が必須なら、認知症などになると成年後見制度を使わないと公的年金さえもらえない未来が来るかもしれません。国は、「家族がいれば成年後見制度は要らない」を実現する方法を検討し、実行していただきたいです。

4.「成年後見制度を使うにしても家族が後見人になるのが当然」を実現する方法

現在の成年後見制度の立法責任者だった小池信行先生（元法務省審議官）によると、**法定後見制度は、裁判所が親族を後見人に選ぶ前提で制度が設計されています**。確かに、後見人の仕事は家族でもできる程度の内容ですし、親族後見人も少なからずいます。

実績的にも、2000年の制度発足当初、裁判所が選んだ後見人の9割以上が親族でした（図5）。後見人の役割を果たせる家族がいない場合、補完的に弁護士などが後見人になっていただけなのです（2006年に親族後見人が増えています。これは、障害者自立支援法により、障害者向けのサービスが措置から契約に切り替わったことで、障害者の親が後見人になるケースが増えたことを反映しています）。

グラフから明らかなように、**親族が後見人になる原則が年々崩壊**しています。2012年に親族と弁護士などが入れ替わり、直近の2023年では、親族は18・1パーセント、弁護士などが81・9パーセントという異常事態に陥っています。要因は裁判所のサボりと言えるでしょう。弁護士など職業後見人の費用は被後見人が負担するので裁判所は痛くもかゆくもありません。法定後見市場から親族を排除し、弁護士などに占有させるために、裁判所はいろいろな工夫をしてきました。

まず、「親族後見人は横領するから弁護士などが後見人としてふさわしい」というプロパガンダを打ち出します。しかし、このプロパガンダはもはや通用しなくなりました。信用していた弁護士、司法書士、行政書士、社会福祉協議会などの後見人による横領事件が多発したからです。

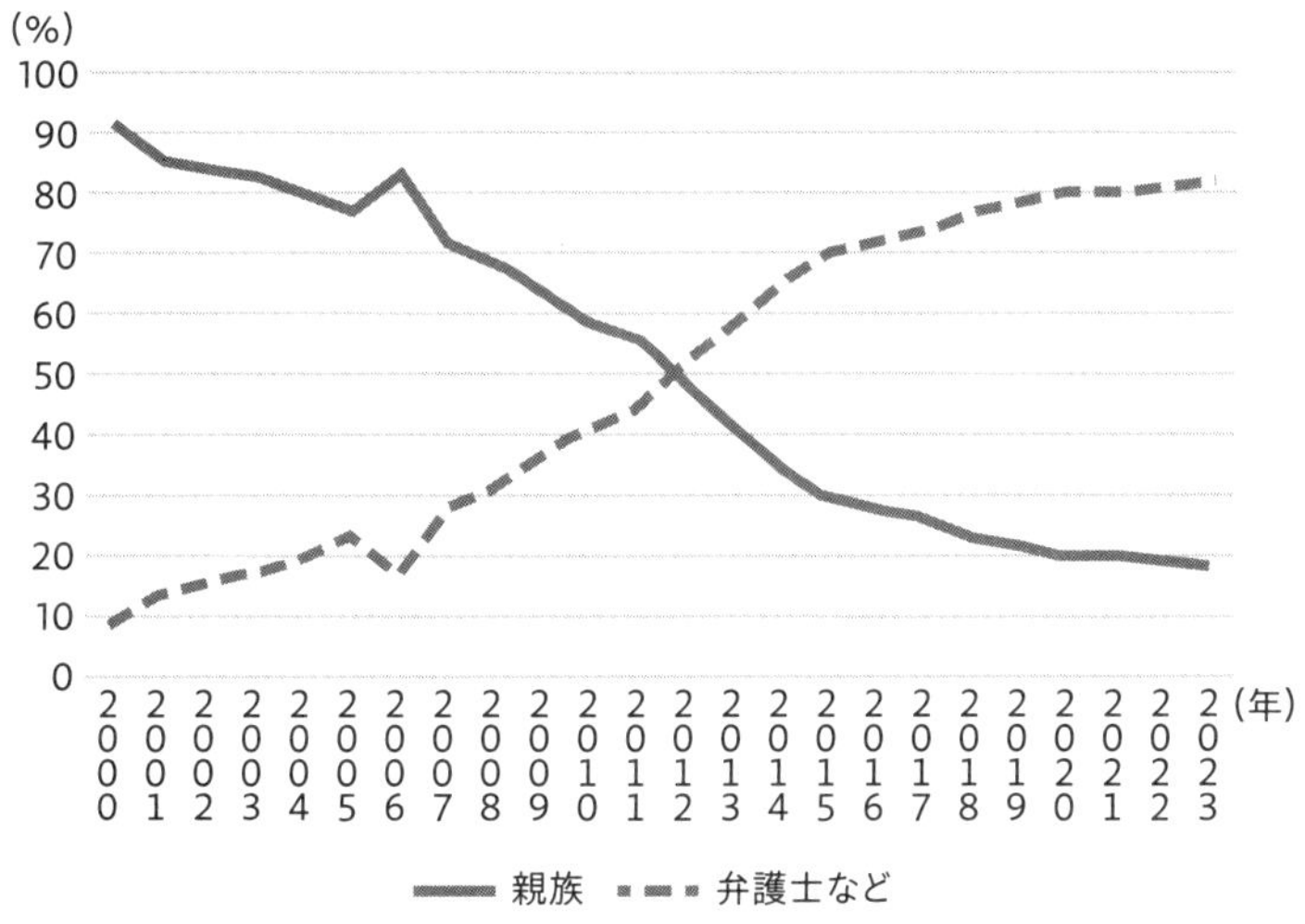

図5.裁判所が選んだ後見人などの割合の推移

次なる手として裁判所は役割分担方式を提唱しました。「財産管理は弁護士や司法書士が、医療や介護は家族が、後見人となってする」というものですが、これも合理的ではありません。通帳を預かる、不動産を維持・管理する、その他の財産管理業務などは家族でも簡単にできるからです。

苦しくなった裁判所は、「リレー方式」を公表しました。相続が終わったら弁護士など後見人から親族後見人へリレーするという類いの手法ですが、これも説得力がありません。なぜなら、相続も遺族だけでできるからです。

先の小池先生は、「１００万人の利用を目指して作った」とおっしゃっていました。そこまで届かなくても、せっかくの制度の利用を増やしたいなら、制度利用者の声を踏まえ、裁判所が家族を後見人に指定すればよいだけです。

そのため、「**後見される人の預貯金が、５００万円以上とか１０００万円以上あれば家族がいても弁護士などを後見人にする**」**という、法的根拠のない、にわか仕立ての裁判所内規を撤廃するのがまずすべきこと**です。

そのうえで、後見人になる優先順位を決めて公表したらよいでしょう。高齢者を後見する場合、**優先順位の1番は配偶者、2番は子どもなら納得感は増し、利用件数は激増するでしょう。障害者を後見する場合、1位配偶者、2位親、3位兄弟姉妹で本人や親族からの共感を得られ、利用件数は伸びるでしょう。**

家族や親族が誰もいない場合に限って、家庭裁判所が弁護士などをあてるなら誰からも文句は出ないはずです。

後見人の仕事をすると手をあげた家族に対する研修はあった方がいいでしょう。常識的な仕事内容とはいえ、細かいところで知らなかった、教えてもらっていなかったと間違ったことをしている親族後見人も少なくないからです。いざ後見が必要となってから研修をしていては遅くなるので、後見人になろうという人に対する事前研修ならびに事前登録制度を設けることで手続きはスムーズになります。

また、親族を後見人にする場合、もれなくつくようになってしまった感のある弁護士などの監督人は、費用がかかる割にメリットが少ないのでなしとしましょう。業務チェックは裁判所か裁判所が委託した外部機関が行えばよいでしょう。そもそも裁判所が選んだ後見人を裁判所が管理するのはお手盛りになるので、選任と監督は切り分けるのが筋でもあります。

裁判所は教育機関ではないので研修はできません。職業で後見人をしている人は親族後見人と出自も目的も異なるので適切な教育はできません。

大学教員時代に、親族や市民が後見人になるために必要十分な教育の在り方を研究・実践し、それが日本中の市民後見人養成講座の基礎となった経緯を踏まえ、後見の杜にて、親族向けの研修および認定事業を展開しています。親族の後見をしっかりできればよいだけの人が多いので、一般論や制度論は割愛し、個別事案に特化した研修と認定という点でほかに類がなくユニークかつ必要十分な内容となっています。このような取り組みが全国で広まることを期待するばかりです。

5.「弁護士などが後見人になる場合、報酬に見合うようきちんと仕事をしてほしい」を実現する方法

制度の原則に立ち戻り、後見人になる親族がいない場合の特例として弁護士などの第三者を後見人とします。弁護士などは後見の専門家ではないので、専門職後見人という紛ら

わしい呼称を廃止し、有料を前提とした「職業後見人」と呼ぶことにしましょう。

弁護士、司法書士、社会福祉士、税理士、その他がバラバラに研修を行い、それぞれに営業活動をする現状を解消します。共通の研修を施し、検定を経て後見人候補者として認定し、法務局などに当該地域の職業後見人のリストを掲載します。サイトでプロフィールや強みも紹介できるようにすることで、本人や家族も職業後見人を選びやすくなるでしょう。

裁判所から具体的な事案が来たら、「自分ならこうする」という具合に、ニーズに対する方法と費用を提示し、裁判所が複数の提案から最適と思う人を選ぶようにすることで、質の向上にもつながるでしょう（コンペないし相見積つもり方式の導入）。

選ばれた後見人は一定額を事前に供託することにします。悪いことをしたり、すべきことをしなかったりしたら、その供託金からペナルティー代を差し引くためです。

使い込みがあった場合、単なる業務上横領に加えて一段重い罰に処すことにしましょう。相手が認知症などであることをわかっての犯行のため悪質だからです。

家族がいる場合、後見人は家族に業務報告をします。禁治産制度の時代には家族会に報告していましたからそれを参考にします。家族がいない場合、あるいは、家族が監督業務を断った場合、従来通り、後見人は裁判所に業務報告をします。

当面のニーズが完了したら、報酬をもらって終了するのがいいのですが、終わり方については、回復したら取り消すという現行の取消要件に、することがなくなったら取り消す条件を加味することで終わりにするのがいいでしょう。

以上を通じ、認知症時代、おひとりさま時代を支えるせっかくの後見業務ですから、人間味のあふれる、強くて優しい、明朗かつ品格のある分野として成長してほしいと切望してやみません。

結びにかえて

本書を通じ、お伝えしたかったことは、次の3点です。

1．**法定後見（後見・保佐・補助）は危険。**誰に何と言われようと使ってはいけません。

2．近年蔓延傾向にある、不必要に自治体が強行する法定後見開始の手続きを防ぐには、**任意後見以外に方法はありません。**したがって、認知症かなと思ったり、80歳に近づいたりしたら、迷わず、心あたりの人と任意後見契約を結びましょう。

任意後見契約を結んでも、すぐに開始しなくて大丈夫です。まずは結んでおくだけでいいです。ただし任意後見契約書を作成する際は、以下の3点を盛り込んでください。

①　何をいくらで頼む、だけでなく、どのようにするか方法や条件も盛り込む

②　銀行取引や介護契約という対外的な義務に関する内容に加え、自分にとって大切で楽しい、日常生活や趣味に関する契約や支払いなどの代理・代行も盛り込む

③　監督人に実権を握られないよう**「監督人の同意を要する特約」は削除する**

3．認知症などになっても、成年後見制度（法定後見・任意後見）を使わず、目の前の課

題を解決してみる。具体的には、本人の残存能力、あるいは現有能力を活用し、銀行からお金を下ろす、不必要になった不動産を売却する、遺産分割を終わらせるなどです。そこで取り引きの相手方である銀行、不動産屋、ほかの相続人などが「成年後見制度を使わないとダメ」と言ったら、成年後見制度を使うか、その取り引きを当面しない（相続まで保留する）ことなどを考えればよいでしょう。

これらのことをお伝えし、納得いただくために、法定後見に関するトラブルの実態を漫画や各章で紹介しました。そうしないと、「家庭裁判所、弁護士、司法書士、自治体がそんなに悪いことをするわけない」と、高をくくる人が減らないと思ったからです。

本書を読んで、「そんなの一部に過ぎない、たいていはうまくいっているはず」と声高に言う人がいるかもしれません。その場合、「では、おっしゃる、たいていの、うまくいっている実例を提示してください」と伝えてください。すると、回答に窮するはずです。

なぜか。ケースをさほど知らないからです。知っていてもせいぜい数十件程度、こちら2000件以上のトラブル対応をしているので、経験値が違います。

何をもってうまくいっているかという視座が異なる点もあるでしょう。そのような人の好例とは、銀行・施設・自治体がかかえていた面倒が解消された、後見開始件数のノルマを達成できそう、職業後見人が楽してもうかったなど、被後見人のためではないので、口が裂けても成功例としてあげることができず、回答に窮するのです。

その割に、成年後見制度、とくに自分たちがやりやすい法定後見制度を使わせようと、高齢者が独りになるデイサービスに出向き、「あなたのため」とつぶやく。家族には、「皆さんやっていますよ、楽になりますよ」と近寄る。「費用は自治体で負担します」と言いながら、最終的には、後見人を経由して本人の財産から費用を回収するのがほとんどですから、偽善者による悪質商法まがいの言動と言わざるを得ません。

法定後見へ導く魔のトライアングル（123ページ）の実態は、宮沢賢治の童話『注文の多い料理店』に似ています。腹をすかせたお客が店からの注文に迎合し、果ては命を狙われていることに気づき逃げるお話ですが、腹をすかす＝認知症になる、料理店＝後見7士業、命＝お金、と置き換えれば内容は合致します。

後見トラブルの根っこをのぞくと、年を取ることやそれに伴う判断能力の衰えを、自然現象ではなく、忌み嫌うべき社会悪ととらえる人の関与が多いように感じます。この意味で、後見トラブルの真犯人は、成年後見制度ではなく、制度運営にかかわる人が有する年齢差別や高齢者への偏見「エイジズム（Ageism）」だと思うのです。

エイジズムは、性差別（Sexism）や人種差別（Racism）と並ぶ三大イズムの一つと言われています。私は、エイジズムの要因、構造、対策に関し、大学院で、生物学、医学、心理学、社会学、法政治学、文化人類学などの観点から学際的に学びました。そのときの手法、データ、感覚は現在に至り仕事の基礎になっています。

今日の日本を見渡せば、エイジズムに関する課題はたくさんあります。再雇用された高齢者の賃金は割安でよいという考え方、高齢者の運転は危ないから免許証は取り上げるが代替策を用意しきれていない（する必要もないと考える）現状、熟年離婚や再婚のリスクに関して相続人から見たデメリットを強調する風潮、本書で言えば、「認知症になったら法定後見を使うもの。被後見人となったら裁判所が決めたことに文句を言うな」という、周囲都合の価値観や態度がエイジズムに基づくお仕着せと言えるのです。

成年後見制度は、財産管理という分野におけるエイジズムを撲滅《ぼくめつ》する有力な方法だと思っていました。しかし、「あの事件」以降、成年後見制度こそ、エイジズムの温床の上に成り立つ血も涙もない兵器に化してしまい、残念に思っています。

「あの事件」とは、2012年、広島家庭裁判所福山支部の事件です。親族後見人が横領をしたのは、裁判所が適切な管理監督をしなかったのが原因ということで、訴えられた裁判所が負け、賠償金を支払った事件です。

「あの事件に前後して、家庭裁判所が成年後見制度から親族や家族を追い出し、扱いやすく、仕事が欲しい弁護士や司法書士を多用するようになった」と言う法務省や裁判所関係者は、少なくありません。成年後見制度の統計を分析しても、2012年前後以降、家庭裁判所が弁護士などを後見人に選び、親族が後見業務をきちんとしている案件に強行的に監督人をつけ始めた傾向が、データから事実として明確に読み取れます。

「自分たちの保身や利益のためなら、認知症高齢者を生贄《いけにえ》にしても良い。どうせ何もわからないのだろうから」、というエイジズムが当局にあり、そこに後見ビジネスの門戸が開かれました。そして、本人の意向や家族の関与が遮断され、後見人への高額な報酬の発生という惨状が必然的に起きました。つまり、後見トラブルは裁判官や後見人による人災とも言えるのです。そのような人たちが集まり、権利擁護や意思決定支援と言いながら、成年後見制度の運用や法改正を検討し、一般の方に明るい未来がひらけると思いますか。こうなってくると、一般の方は、自分の身は自分で守る、自己防衛に徹するほかないでしょう。

そのためには、まず認知症などにならないことですが、こちらについて万全な予防法はありません。次に、成年後見制度に悩み苦しんだ一般の、複数の方からの発案ですが、「財産管理委任契約・生涯型」なるものを、心あたりの人と結んでおくこと。具体的には、「銀行とのやり取り、不動産の管理・売買、介護サービスの契約と支払いなどを、この人に生涯（つまり認知症になってからも）頼む」という契約内容のものです。

実は、これと同じ内容の契約が公正証書になっている実例を見たことがあります。公証人は違法な内容は公正証書にしないので、法的には問題ないのかもしれません。

しかし、法的に問題がなくても、この内容は実行できるとは限りません。依頼者が重い認知症になり、頼まれた人が、公正証書で作った契約書を持って銀行へ行っても、お金を下ろせるかどうかは銀行次第となっているからです。

ここで、「私がこの人に、生涯の財産管理を託したのに、なんで銀行が決めるの」と思う人がいるかもしれません。この違和感こそが、行きづまった成年後見制度の運用、その根底にある高齢者のお金と使い方に対する、とくに法曹界にはびこり、彼らにとって都合のよい偏見を打破するエネルギーの源泉になるのです。多くの人が、新しい手法を発案し、銀行、不動産、相続、その他の現場で行動を起こすことで、成年後見制度に頼らず、自分の気持ちとお金を動かす土壌が作られます。後見する側主導の法改正に期待できない以上、これ以外に方法はないでしょう。読者各自が、親のため、そして、自分や子どもたちのために認知症とお金の問題に一石二石投じることを心より期待します。

最後に、昭和10年生まれの父、昭和13年生まれの母、いろいろありがとう、これからも元気に過ごしてください。大学教員時代以降ご指導いただいている甲斐一郎先生（東京大学名誉教授）、成年後見制度の作り直しを提唱される齋藤正彦先生（東京都立松沢病院名誉院長）、家族をないがしろにする成年後見制度を作った覚えはないと悔しそうにおっしゃった小池信行先生（元法務大臣官房審議官）、老年学（ジェロントロジー）を学べば自治体が後見人になれるかもしれないと期待された伊部英男先生（旧厚生省高官）、市民後見の生みの親であるシニアルネサンス財団の河合和氏、そして、本書の企画・制作にご尽力いただいた山口聡子氏ほか皆さまに、心より御礼申し上げます

著者プロフィール
宮内 康二（みやうち・こうじ）
昭和46年生まれ。早稲田大学卒業、南カリフォルニア大学ジェロントロジー（老人学）大学院修了、ニッセイ基礎研究所研究員、東京大学教員を経て現在は後見制度についての諸相談を請け負う「後見の杜」を主宰。ニュース番組で後見問題について多数コメント。
【後見の杜】https://sk110.jp、03-3793-0030（平日9時～18時）

デザイン　三橋理恵子（Quomodo DESIGN）
校正　小森里美
協力　梶谷直子
漫画　とみざわきらら

認知症《にんちしょう》になっても自分《じぶん》の財産《ざいさん》を守《まも》る方法《ほうほう》
法定後見制度《ほうていこうけんせいど》のトラブルに巻《ま》き込《こ》まれないために！

2024年10月29日　第1刷発行

著　者　宮内康二《みやうちこうじ》
発行者　清田則子
発行所　株式会社　講談社
〒112-8001　東京都文京区音羽2-12-21
販売　TEL03-5395-3606
業務　TEL03-5395-3615
編　集　株式会社　講談社エディトリアル
代　表　堺　公江
〒112-0013　東京都文京区音羽1-17-18　護国寺SIAビル6F
編集部　TEL03-5319-2171
印刷所　半七写真印刷工業株式会社
製本所　株式会社国宝社

ISBN978-4-06-536953-1